Michel Carayon

SOS suicide et dépression

Michel Carayon

SOS suicide et dépression

Éditions Vie

Cover image: www.ingimage.com

Publisher:
Éditions Vie
is a trademark of
International Book Market Service Ltd., member of OmniScriptum Publishing Group
17 Meldrum Street, Beau Bassin 71504, Mauritius
Printed at: see last page
ISBN: 978-613-9-58959-3

S.O.S. SUICIDE
S.O.S. DEPRESSION

« Je propose en priorité dans ce livre des outils pratiques, tout de suite utilisables pour répondre à l'urgence de personnes en difficulté morale .

Je souhaite que ce livre soit un message d'espoir » .

A Carole, à mes enfants.

Michel Carayon

Psychothérapeute

Naturopathe

11 bis place Fernand Mathieu

84370 Bedarrides

Tél : 06 14 90 43 08

Préface

Je me souviens d'une petite histoire que Michel Carayon m'avait racontée, tirée de la conversation de deux amies à lui. L'une dit : « Tu sais, je pense sérieusement à me suicider ». Et l'autre, d'un ton plein de considération : « ah, c'est bien, je trouve cela vraiment très courageux de ta part. Moi, rien que de savoir que je n'entendrai plus jamais le chant d'un oiseau, je ne peux pas l'envisager ». Le livre de Michel me fait un peu l'effet de cette réponse-là : il est empreint d'un parfum, d'une tendresse qui nous ferait plutôt dire, au moment crucial : « Mon Dieu que je suis con», tel « Pierrot le Fou » avec ses bâtons de dynamite autour du ventre, prêt à se faire sauter. Le suicide me semble en effet une issue terriblement coercitive, répressive et surtout étroite de vue et pauvre. Ce livre se situerait plutôt à l'inverse du trop fameux « mode d'emploi suicide » en un « comment avoir envie de se maintenir en vie », avec la manière non seulement de s'en servir, mais en plus de l'apprécier. Cela ressemble un peu à un recueil de recettes, à la façon tendre et penchée des grands-mères sur leur petit : « Eh bien, je vais te dire un secret... », bonnes vieilles formules ayant passées l'épreuve du temps, et donc toujours vertes et vigoureuses. Le manuel du « savoir bien vivre », donc, mais qui peut être également un vrai « savoir bien mourir », puisque fin il y a un jour (jusqu'à ce que l'on nous prouve enfin le contraire !), mais alors en temps et en heure, à son propre rythme, pas à l'emporte-pièce, signe que l'on n'a pas voulu tenir compte de cette bonne vieille maxime : « après la pluie le beau temps », qui devrait être prise comme une règle de base du grand jeu de la vie.

Michel nous offre ainsi des poèmes, des chansons, un aperçu de différentes philosophies, quelques méthodes éprouvées pour bien entretenir son corps et son esprit, enfin tout ce qu'il faut pour ne pas tomber dans l'étroit goulet aux murs aveugles et sourds du suicide. Il semble avoir étudié la question de bien près, pour être aussi bien renseigné sur l'éventail des possibilités offertes à l'être humain lui permettant d'éviter la tentation (si alléchante, par son caractère expéditif) de se donner la mort, remède définitif, bien sûr, à tous les maux mais, bien regrettablement, à toutes les joies aussi ! Ce ne peut être que le fait de quelqu'un qui s'est senti lui-même à un moment ou plusieurs de sa vie, prisonnier de ce couloir sombre, quand, tout horizon verrouillé, il ne reste que la noire issue de la mort.

Et l'on sent dans ce livre le désir de faire partager à d'autres cet apprentissage étonnant qu'est la vie, cet art dirai-je, que représente la découverte progressive de mille facettes qui en font le prix, et nous donne envie de nous attacher à elle, comme à une bonne amie, dont on sait qu'elle a ses faiblesses mais qu'elle a « bon fond »!

Nous accompagnons là Michel sur son propre chemin, à travers ses propres tâtonnements et ses découvertes, nous suivons au fil de sa vie sa lutte patiente contre cette tenace perspective de mort, jusqu'à ce qu'en lui éclose ce livre, comme une offrande.

Manuela Daniel
Psychologue

Avant-propos

Les détresses humaines sont si différentes et personnelles que je pense qu'il n'existe pas de recettes anti-suicide. Je voudrais que ce livre soit un message de vie, au-delà des mots, des techniques. Que les poèmes qui figurent dans ces pages soient porteurs, de notre espérance, de l'étincelle qui brûle dans le coeur de chaque être humain.

PREMIERE PARTIE

Dominique

En souvenir de toi, de tes trésors de douceur
enfouis sous une montagne de souffrance
En souvenir de ta franchise, de ta recherche désespérée
à nous rencontrer, à te rencontrer
En souvenir de ce cœur plein de larmes qui ne sont pas
arrivées à trouver la sortie
En souvenir de ton regard d'enfant, de ta main qui serrait la mienne
En souvenir des moments où j'ai essayé de t'accompagner dans ta solitude
En souvenir des moments où j'ai essayé de t'arracher à ton isolement
En souvenir des rires et des sourires que nous avons échangés
J'aurai aimé te connaître plus longtemps
Que tu te donnes le temps, que tu me donnes le temps de t'apprendre
J'aurais aimé que tu deviennes mon ami
Partageant nos doutes, nos incertitudes, mais aussi la vie
Dominique je pleure ton suicide, ton absence, je ne te juge pas
Dominique je te comprends et je t'aime
Ton suicide ne me décourage pas, il stimule mes forces de vie
Me donne envie de mener jusqu'au bout ma lutte pour mon bien-Être
J'ai le droit au bonheur comme tu y avais droit
J'emploie toutes mes forces à le réaliser et à le transmettre
Reviens me voir – si tu veux Dominique – la porte reste ouverte…

Michel

L'état d'urgence

Vous êtes désespérés, l'impression d'être au fond de l'abîme, ou bien vous êtes submergés d'angoisse, vous n'avez plus qu'une envie, mettre fin à cet état, en vous jetant par la fenêtre, en donnant un coup de volant, en avalant tous les comprimés, en pressant sur la gâchette, etc.

Cela ne résoudra rien, je pense que nos états, nos actes nous suivent. Il y a une autre solution, *vivre autrement, c'est possible, essayez ! Osez Être !*

Comme vous, j'ai eu envie de me tuer, j'ai choisi de vivre, vous le pouvez aussi. Il existe réellement un *espoir, d'éliminer, de diminuer* ses souffrances, ses peurs, ses angoisses.

L'*Amour* qui vous a tant manqué, qui vous manque tant, *est là, en vous,* en moi, en chacun. L'*Amour* est le plus puissant des *remèdes*, celui qui nous guérit totalement, définitivement. Je peux vous aider concrètement, pratiquement, à le rencontrer dans ces pages, dans la relation de vous à moi, de vous a l'autre.

Les suggestions qui suivent m'ont sauvé du suicide, elles peuvent *vous sauver, vous aussi.*
« Reprenez confiance, vous allez guérir, vous avez le droit d'Être » (Arnaud Desjardins).

QUE FAIRE TOUT DE SUITE

Etablir un contact avec un autre être humain

***Demandez, frappez à la porte de votre voisin, de votre voisine,* peu importe que vous les connaissiez ou non, que vous les dérangiez ou pas, en ce moment précis, choisissez vous, c'est *vous qui êtes important(e)*, c'est votre état d'urgence qui est prioritaire.**

***Demandez de l'aide, avoir besoin,* c'est beau, c'est être humain, *c'est votre droit.* Sachez que la personne à laquelle vous vous adressez se sent *honorée* par votre demande.**

Téléphonez et* ne *lâchez pas le combiné* tant que vous n'avez pas *établi la communication* avec votre correspondant. *Sentez* consciemment le *contact* de votre main avec l'appareil, regardez consciemment le fil du téléphone comme un lien qui vous *relie* avec *l'autre,* avec *la vie.

***Téléphonez* à un ou une ami(e), un frère, une soeur, un parent, un voisin, ou téléphonez à :**

SOS AMITIE

AGEN : 05 53 66 47 47

AIX-EN-PROVENCE : 04 42 38 20 20

ALBI : 05 63 54 20 20

ANGERS : 02 41 86 98 98

ANNECY : 04 50 27 70 70

ARRAS : 03 21 71 01 71

AVIGNON : 04 90 89 18 18

BELFORT-MONTBELIARD : 03 81 98 35 35

BESANCON : 03 81 52 17 17

BORDEAUX : 05 56 44 22 22

BREST : 02 98 46 46 46

CAEN : 02 31 44 89 89

CHARLEVILLE-MEZIERES : 03 24 59 24 24

CLERMONT –FERRAND : 04 73 37 37 37

DIJON : 03 80 67 15 15

GRENOBLE : 04 76 87 22 22

LA ROCHELLE : 05 46 45 23 23

LE HAVRE : 02 35 21 55 11

LE MANS : 02 43 84 84 84

LILLE : 03 20 55 77 77

LIMOGES : 05 55 79 25 25

LYON : 04 78 29 88 88 et 04 78 85 33 33

MARSEILLE : 04 91 76 10 10

METZ : 03 87 63 63 63

MONTPELLIER : 04 67 63 00 63

MULHOUSE : 03 89 33 44 00

NANCY : 03 83 35 35 35

NANTES : 02 40 04 04 04

NICE : 04 93 26 26 26

ORLEANS : 02 38 62 22 22

PARIS ANGLOPHONE : 01 46 21 46 46

PARIS EST : 01 43 60 31 31

PARIS CONCORDE : 01 42 96 26 26

PARIS EVRY : 01 60 78 16 16

PAU : 05 59 02 02 52

PERPIGNAN : 04 68 66 82 82

POITIERS : 05 49 45 71 71

REIMS : 03 26 05 12 12

RENNES : 02 99 59 71 71
ROANNE : 04 77 68 55 55
ROUEN : 02 35 03 20 20
STRASBOURG : 03 88 22 33 33
SAINT-ETIENNE : 04 77 74 52 52
TOULON : 04 94 62 62 62
TOULOUSE : 05 61 80 80 80
TOURS : 02 47 54 54 54
TROYES : 03 25 73 62 00
VILLEURBANNE : 04 78 29 88 88 et 04 78 85 33 33

SUICIDE ECOUTE : 01 45 39 40 00
HELP (langue anglaise) : 01 46 21 46 46
SOS DEPRESSION 35 : 02-99-83-65-28 et 02-99-67-93-59
SOS ESPOIR : 01 43 70 69 26
CROIX ROUGE ECOUTE : 0 800 858 858
SOS DEPRESSION : 01 40 47 95 95
URGENCES PSYCHIATRIE : 01 40 47 04 47
SOS MEDECINS : 0820.33.24.24

CENTRES ANTI-POISONS :

Angers : 02 41 48 21 21
Bordeaux : 05 56 96 40 80
Grenoble : 04 76 76 56 46
Lille : 0825 812 822
Lyon : 04 72 11 69 11
Marseille : 04 91 75 25 25
Nancy : 03 83 32 36 36
Paris : 01 40 05 48 48
Reims : 03 83 32 36 36
Rennes : 02 99 59 22 22
Rouen : 02 35 88 44 00

Strasbourg : 03 88 37 37 37

Toulouse : 05 61 77 74 47

VIVRE SON DEUIL : 01 42 38 08 08

DROGUE INFO : 0 800 231 313

ALCOOL INFO : 0 811 91 30 30

SOS VIOLS : 0 800 05 95 95

FEMMES INFO SERVICE VIOLENCES CONJUGALES : 01 40 33 80 60

SIDA INFO SERVICE : 0800 840 800

ECOUTE CANCER : 0810.810.821

SUISSE

HELP-LINE : 02 23 82 89 89

PARSPAS : 02 44 73 33 90

LA MAIN TENDUE : 143

LIGNE D'AIDE AUX ENFANTS ET AUX JEUNES : 147

CANADA

SOS SUICIDE

Québec: (418) 684-0266

Victoriaville: (819) 752-4442

Lac Mégantic: (819) 583-6678

BELGIQUE

CENTRE DE PREVENTION DU SUICIDE : 107

Que dire ?

Ce que vous voudrez et surtout que vous avez *besoin* d'aide, que vous êtes en difficulté ; je le répète c'est *votre droit.* Si vous avez du mal à l'accepter en tant qu'adulte, dites-vous que c'est *l'enfant* en vous qui est perdu, qui a besoin.

Demandez que l'on vienne vous voir, que l'on vous héberge quelque temps, une aide affective, financière… demandez. Et si l'on vous donne une réponse négative et bien demandez à quelqu'un d'autre. Ce qui est certain, c'est que si vous ne demandez rien, vous n'aurez rien.

Parlez avec l'autre, c'est rétablir un lien, un contact avec la vie. C'est vous donner la possibilité de commencer à éliminer psychiquement avec des mots les causes de votre envie de vous suicider ; car chaque mot que vous « sortez » est chargé symboliquement de ce qui vous a fait peur, souffrir, culpabiliser, dans le passé, de ce qui vous fait peur, souffrir, culpabiliser dans le présent.

Vous avez refoulé, accumulé, toutes ces épreuves et la « marmite » est pleine à craquer. Cette « constipation psychique » peut trouver d'autres voies que le suicide. Vous avez besoin d'éliminer d'une part, et de vous construire d'autre part. Je reviendrai plus longuement sur ces deux aspects dans les pages suivantes avec les moyens pratiques d'y parvenir.

Établir un contact avec soi-même

Avant, pendant, après, ces indications sont complémentaires des avis des paragraphes précédents.

Avec vos mains *sentez-vous,* des pieds jusqu'à la tête. Palpez tantôt doucement, tantôt avec plus de pression, vos pieds, vos mollets, vos genoux, vos cuisses, etc., sans oublier aucune partie de votre corps. Faites-le le plus consciemment que vous le pourrez en prenant votre temps. Laissez venir éventuellement les bâillements, les rots, les pets, les pleurs qui sont les signes tangibles de cette reprise de contact avec vous-même par l'intermédiaire de la sensation tactile. Puis faites quelques pas de marche consciente, c'est-à-dire : en essayant de sentir successivement, le contact du sol sous votre pied droit, puis sous votre pied gauche, en essayant de sentir les mouvements de vos jambes, le balancement de vos bras, la sensation de l'air qui entre et qui sort par vos narines, à l'inspiration et à l'expiration. Puis arrêtez-vous et dans la position que vous voudrez, debout, assis ou couché, les yeux fermés essayez d'être attentif, d'*accueillir* consciemment un par un, les différents sons que vous entendez, enfin accueillez visuellement les couleurs et les formes des différents objets qui vous entourent.

Revenez à la sensation d'*Être* ici et maintenant, revenez au calme par l'intermédiaire de vos sensations. Lâchez prise, écartez vos émotions et vos pensées perturbées, incontrôlées. Je reviendrai plus en détail sur ces exercices dans un autre chapitre.

Respirez consciemment

Soyez attentif à l'air qui entre à l'inspiration et à l'air qui sort à l'expiration. Respirez consciemment quelques instants. Si vous le pouvez, après l'inspiration, bloquez vos poumons et gardez l'air quelques secondes, puis expirez en essayant de sentir votre corps de la tête aux pieds. Faites cet exercice de préférence les yeux fermés.

Éliminez psychiquement

Oui nous pouvons, nous devons éliminer psychiquement comme nous avons besoin d'éliminer organiquement. Sinon c'est l'encombrement, la constipation psychique, « la grosse tête qui va éclater », le noeud à la gorge, le serrement à l'estomac, l'angoisse de toutes les émotions retenues, refoulées. Nous avons besoin d'éliminer les émotions « négatives » qui sont liées aux événements que nous avons vécus. Cet aspect sera abordé plus en profondeur ultérieurement. Je vous propose comme initiation et surtout comme traitement d'urgence trois exercices possibles tout de suite.

A chaque *expiration,* de même que vous éliminez le gaz carbonique ainsi que des déchets et des toxines contenus dans le sang, pensez en même temps, que vous rejetez, que vous éliminez, ce malaise que vous ressentez ; malaise sur lequel vous pouvez mettre un ou plusieurs mots : peur - angoisse - souffrance - désespoir, etc. Il suffit que vous y pensiez consciemment à chaque fois que vous expulsez l'air de vos poumons.

En allant aux toilettes, imaginez, pensez en même temps que vous urinez ou que vous faites votre merde, vos matières, à éliminer vos difficultés de tous ordres. Pensez à éliminer « votre merde psychique ».

Allez vers un lavabo. Regardez consciemment le savon quelques secondes, touchez-le de même, sentez-le, ouvrez le robinet en étant conscient de votre geste, écoutez l'eau quelques secondes, lavez-vous les mains consciemment ; au moment de les rincer, en même temps que l'eau va chasser le savon et la crasse, pensez que vos difficultés partent avec l'eau, le savon, la saleté dans les tuyaux jusqu'à la terre.

Ces trois exercices ont pour but de compléter les mesures d'urgence précédentes, si vous vous sentez la ressource de les faire, sinon vous les appliquerez plus tard. Ils ont pour but de réamorcer une élimination psychique indispensable à tout être humain ; élimination qui se fait également par les rêves quand notre psychisme fonctionne normalement.

Concentrez-vous

Cet exercice peut compléter les précédents et il peut les remplacer à lui tout seul. C'est sans doute le plus efficace pour retrouver votre unité, écarter les phobies, l'angoisse. Les yeux fermés, tracez mentalement, en vous aidant du geste, le signe 1 dans l'espace, ou sur un tableau noir. Concentrez-vous sur ce signe quelques secondes en vous répétant intérieurement, « un » ou « je suis un ».

Autre exercice efficace, toujours les yeux fermés, concentrez-vous sur l'une de vos mains. Pour vous y aider, visualisez que vous envoyez un courant d'énergie vers cette main. Répétez ces deux exercices à volonté, sans forcer. Vos émotions, vos pensées sont de l'ordre de l'émissivité, quand vous vous concentrez sur un objet précis, vous émettez une nouvelle vibration qui permet de lâcher celles qui sont nocives. J'entends par concentration, concentration mentale, les yeux fermés. Je préciserai ces notions.

Prendre un médicament

Le médicament (calmant, tranquillisant, anti-dépresseur) est utile et parfois indispensable. Il ne résout rien, c'est vrai. Mais il peut être la béquille dont nous avons besoin jusqu'à ce que nous ayons trouvé notre point d'appui en nous même. J'en ai pris moi-même à chaque fois que je voulais éviter de m'éprouver inutilement par un débordement d'émotions, de pensées ou de tensions corporelles. Si vous en avez sous la main, prescrit par votre médecin, utilisez-le dans l'esprit de vous aider à traverser ce moment difficile. Utilisez-le comme une aide, un support, en attendant d'entreprendre une démarche thérapeutique qui vous permettra progressivement de l'abandonner quand vous le pourrez. Si vous avez fait venir S.O.S. médecin ou si, passé cet état de crise, vous allez voir un praticien, n'hésitez pas à *demander* cette aide médicamenteuse le temps qu'elle vous sera nécessaire.

Je souhaite que l'un de ces conseils pratiques vous ait aidé à passer ce cap difficile.

Maintenant il s'agit de donner une suite à votre démarche. Vous avez besoin d'une aide, pendant quelques mois, peut-être quelques années pour vous aider à vous décharger de votre fardeau et pour vous aider à vous construire. Qui aller voir ? Selon quels critères ? C'est ce que je vais aborder maintenant.

La tentation de se suicider, l'état dépressif, pour quelque raison que ce soit, n'ont rien de honteux. Cela fait partie de toute épreuve qu'un être humain peut être amené à rencontrer un jour dans sa vie.

Il s'agit bien de mourir, mais de mourir au faire, à l'avoir, à tous nos conditionnements insatisfaisants, pour nous donner une chance de renaître, d'être, dépouillé comme l'enfant qui arrive au monde. Aussi essayons d'accepter nos épreuves, de nous laisser couler pour mieux remonter quand nous aurons touché le fond. Si nous en sentons le besoin, cherchons l'aide d'un passeur. Je recommande à ce propos la lecture du livre du Docteur Y. Prigent « l'expérience dépressive », Éditions Desclée de Brouwer. Avec beaucoup de poésie, de foi, il nous fait sentir le bien-fondé et le sens de nos épreuves. Son livre respire la vie et l'espérance.

Quand je dis accepter, cela ne veut pas dire une acceptation passive qui serait proche de la résignation (en fait, une forme déguisée de refus). Je veux dire *accepter dans le senti,* c'est-à-dire accepter et sentir nos peines, nos souffrances morales, nos émotions, nos douleurs physiques. C'est ce senti et une meilleure compréhension de nous mêmes qui peuvent servir de guide concret à notre évolution..

DEUXIEME PARTIE

ET APRÈS

Comment choisir un thérapeute, une technique?

Le choix d'un thérapeute est une démarche délicate, mais c'est notre responsabilité de savoir à qui nous demandons de l'aide et le cas échéant, après mûres réflexions, de modifier notre choix si nous sommes insatisfaits. Il est de votre droit de demander au praticien quel est son cursus universitaire et thérapeutique. A-t-il suivi lui-même une thérapie, avec qui, pendant combien de temps ? Ces questions sont indispensables ; ne vous engagez pas avec n'importe qui, sans vous être informé. Je prends la responsabilité de vous dire de préférer un thérapeute qui peut justifier de plusieurs années d'analyse ou de thérapie personnelle à quelqu'un de diplômé mais sans cursus thérapeutique pour lui-même. Et bien sûr vous pouvez aussi vous fier à votre intuition ; de préférence dirigez-vous vers une personne avec laquelle vous vous sentez en confiance, en sympathie. Un bon critère, ce sont les changements en mieux être que vous aurez observés chez une personne qui n'est pas de votre famille et qui a été aidée par ce thérapeute. Quelques conseils que je me permets de vous donner et qui peuvent vous aider à vous déterminer dans votre choix :

- « Patience et longueur de temps font plus que force ni que rage ». Ecartez-vous et même fuyez les thérapeutes violents, pressés. Ceux-là ne feront que rajouter leur peur à votre propre peur. C'est vrai que vous êtes pressés de changer, de guérir, mais le temps est la matière première de toute entreprise humaine.

- Préférez la douceur, la fermeté à la force et à la violence.

- On ne balaye pas vingt ou trente ans de névrose en quelques jours de stage à la campagne.

- Méfiez-vous des mélanges thérapeute-guru, à chacun son domaine, à chacun sa compétence.

Attention au « thérapeute » qui prétend faire l'amour avec vous pour des raisons thérapeutiques. Qu'il ait l'honnêteté de reconnaître que c'est d'abord pour la satisfaction de son envie. Quant à vous, posez-vous la question de savoir ce qui vous est profitable, ce qui vous fait progresser ou non vers l'autonomie, l'indépendance.
La seule règle absolue devrait être en la matière « primum non nocere », d'abord ne pas nuire.

- Ouvrez les yeux, gardez votre sens critique.

- Essayez de discerner si votre thérapeute a des qualités de coeur, c'est un bon critère de sa propre évolution, de son propre bien- être.

- <u>Demandez-lui s'il continue pour lui-même un travail de contrôle et avec qui.</u>

Le choix des méthodes est embarrassant car il est très varié : analyse, bio-énergie, travail de groupe, travail individuel, thérapie émotionnelle, psychodrame, analyse, gestalt, etc. Ma préférence va aux techniques et surtout aux thérapeutes, pour lesquels sont présents plusieurs critères :

- La nécessité d'aider le patient à éliminer psychiquement les émotions douloureuses du passé qu'il a refoulées pour intégrer progressivement son histoire.

- Aider le patient à se construire dans le présent en sentiment d'être, d'exister.

- L'importance du corps, des sensations, des émotions, de l'intellect ; l'importance de rétablir une harmonie, une unité entre ces différentes dimensions de l'être humain.

- Intégrer notre passé dans une dynamique de réconciliation avec soi-même et l'autre.

- Progresser vers la paix, la joie et l'unite intérieure.

- La maîtrise et le contrôle, la rigueur.

- Le jeu et la créativité.

- La douceur et la fermeté.

Comprendre l'origine de nos troubles

Notre développement :

Du point zéro, jour et moment de la conception de l'être humain, jusqu'à son achèvement d'adulte, il y a une multitude de processus complexes que je n'ai pas la prétention et la compétence de développer ici. Mais je pense qu'on ne peut avoir une compréhension, une idée juste de nos difficultés, sans avoir au moins un aperçu de notre développement organique, psychique, dans son contexte matériel et affectif. Déjà le foetus pendant sa vie intra-utérine est perméable à travers sa propre sensibilité aux influences de l'extérieur. Il entend, il ressent, il subit particulièrement les émanations organiques, affectives, émotionnelles de la mère.

Les frayeurs, les tensions, les chocs affectifs sont tout aussi préjudiciables au futur bébé que la cigarette ou la nourriture mal équilibrée, toxique. L'état psychique et organique dans lequel la mère attend son enfant, sont des facteurs qui influenceront l'état de santé du nouveau-né et plus tard de l'adulte. Un moment capital pour notre vie à venir est celui de notre naissance. Les conditions dans lesquelles vous avez été attendu, dans lesquelles vous êtes né peuvent être très éclairantes de vos difficultés actuelles et je vous conseille si cela est possible de vous informer sur ces périodes. Il y a hélas encore trop de naissances violentes dues aussi bien au manque de préparation de la mère, qu'au manque de savoir faire technique et humain des accoucheurs. On ne peut que se réjouir du développement, encore trop lent, du mouvement « naissance sans violence » préconisé par le Dr. F. Le Boyer.
Une autre violence qui peut être faite à l'enfant et qu'il perçoit, c'est le désir ou non de son arrivée, l'accueil ou non de son sexe. Pauvre petite fille qui arrive au monde alors que les parents sont obsessionnels sur l'arrivée d'un garçon. C'est un gros handicap que d'arriver à la vie sans se sentir désiré. Et cela me permet d'enchaîner sur le développement du bébé, de l'enfant, qui va grandir sous le regard ou l'absence de regard, du désir ou l'absence de désir de sa mère, de son père, des autres qui lui sont proches. L'être humain quand il naît, n'est pas achevé, il va lui falloir quelque mois, quelques années pour que se termine son développement organique. Et c'est pendant son développement psychomoteur qu'il va être particulièrement vulnérable aux empreintes extérieures.

Ce sont ces empreintes avec ce qu'elles comporteront d'absence, de manque ou de présence d'amour, de traumatismes divers, qui feront que l'enfant se développera harmonieusement ou non. L'influence de son milieu affectif affectera même le développement de son corps. C'est pourquoi le corps parle aussi bien de notre hérédité génétique que de notre hérédité affective ; et c'est pourquoi aussi de plus en plus de psychothérapeutes et d'analystes écoutent son langage symbolique, car lui ne ment pas. Le corps est notre reflet, notre image, notre miroir. L'être humain

est une entité psychosomatique, c'est-à-dire composé d'un corps en étroite relation avec le psychisme.
En effet nous pensons, nous sentons aussi en fonction de notre corps ; qui songerait à nier qu'une crise de foie ou un pied accidenté et douloureux n'affectent pas notre humeur ? Et qu'inversement, un état de nervosité permanent ne peut pas être responsable d'un ulcère à l'estomac ?
Pour cet ouvrage je considérerai d'une part le corps et ses sensations, c'est-à-dire nos cinq sens, la vue, l'ouïe, l'odorat, le toucher, le goût, avec lesquels nous appréhendons le monde extérieur, et d'autre part le psychisme composé :

- d'une conscience plus ou moins développée, plus ou moins altérée ;

- d'un inconscient, lieu de régulation de nos fonctions végétatives mais aussi le siège de nos refoulements et de nos pulsions instinctives ;

- des pulsions instinctives que j'aborderai selon le point de vue du Dr. P. Bour dans son livre (« les Racines de l'Homme ») ;

- des émotions dont je considère qu'elles dérivent des pulsions ;

- d'un intellect, c'est-à-dire la faculté de penser, de raisonner que je crois présent aussi bien dans le conscient que dans l'inconscient mais à un niveau plus archaïque dans ce dernier.

Notre équilibre dépendant d'une harmonie entre toutes ces dimensions, nous pouvons mesurer combien l'être humain est à la fois une « machine » merveilleuse et complexe. Avec notre corps et ses cinq sens nous appréhendons le monde extérieur. La conscience, les fibres nerveuses, les cellules se nourrissent aussi de ce que nous voyons, entendons, goûtons, respirons, sentons. En effet la conscience est réceptive. Et nos sens s'éveillent ou se dégradent suivant le degré de bienveillance affective de notre entourage.

Pour bien penser, bien émettre, il nous faut avoir bien reçu, avoir une conscience en bon état de marche. Et c'est là qu'intervient toute l'importance de la méthode du Dr. Vittoz, contemporain de Freud, qui considérait que vouloir résoudre les problèmes psychiques d'un patient en passant par la pensée, la parole, c'était vouloir se servir d'un appareil défectueux et qu'il fallait d'abord réparer cet appareil à sa source, c'est-à-dire au niveau de sa capacité de réceptivité. Comme le dit le Dr. P. Bour « apprenons à bien recevoir, avant de bien penser ». L'approche du Dr. Vittoz faisant partie de ma méthode de travail j'aurai l'occasion d'y revenir dans un chapitre suivant. La gestion de nos pulsions, de nos émotions, de notre intellect, de notre inconscient va dépendre pour beaucoup de l'état de notre conscience. Si nous avons pu nous développer dans un milieu affectif favorable, nous aurons le contrôle de notre cerveau conscient, donc de notre vie. Sinon ce sera l'anarchie, le refoulement de pulsions, le déplacement de leur but naturel, des émotions incontrôlées, un intellect diminué ; il faudra y remettre de l'ordre avec une aide extérieure, qui jouera le rôle de parents réparateurs, rééducateurs.

Les pulsions

Les pulsions et leur apprivoisement sont à la base du développement et du comportement humain. Aussi je vais essayer d'en donner ici une description susceptible d'apporter un éclairage sur nous-même qui pourra aussi nous servir de points de repère dans nos comportements, nos difficultés relationnelles. Le Dr. P. Bour distingue trois pulsions et deux besoins fondamentaux que j'aborderai succinctement et qui peuvent être étudiés plus en détail dans son ouvrage.

L 'ambitio : est la pulsion qui nous pousse à nous affirmer, à croître et à dominer. Elle peut prendre (au plan conscient) la forme d'une ambition matérielle qui nous conditionne à gagner toujours plus d'argent, ou la forme du besoin de pouvoir qui nous pousse à briguer un poste toujours plus élevé ou ce sera le désir d'honneurs, de médailles, ou encore le désir de célébrité, être vu dans les journaux, à la télévision. Cette pulsion peut aussi prendre la forme d'une ambition spirituelle, ambition qui selon l'état de maîtrise des autres pulsions, sera ou bien une compensation, une fuite de nos difficultés à vivre, ou bien un désir sain de grandir, de nous réaliser psychiquement, socialement, spirituellement. Je ne veux pas dire que c'est un tort d'avoir de l'ambition mais que le degré de notre investissement et l'orientation que nous lui donnons sont révélateurs de notre personnalité mais aussi de nos équilibres ou de nos déséquilibres. C'est une pulsion que nous pouvons apprendre facilement à repérer dans notre vie de tous les jours, dans nos rapports avec les autres. Les formes que prend notre ambitio sont éclairantes de l'état de santé de deux autres pulsions qui fonctionnent en étroite liaison avec elle : l'agressio et l'attractio. Je pense tout de suite à une analogie que le Dr. P. Bour m'a raconté à ce sujet, à peu près dans ces termes ; l'agressio serait la puissance de feu, d'énergie, de déplacement d'une fusée dont le corps serait l'ambitio, et l'attractio serait la force, l'influence, le champ magnétique qui conduit cette fusée vers l'objet de notre amour. Cette image illustre bien les fonctions de ces trois pulsions et tous les dérèglements qui peuvent intervenir quand l'une d'entre elles a subit des dommages à travers notre vécu affectif d'enfant et d'adolescent.

L 'agressio : Cette pulsion, véritable force et puissance de vie, est notre réservoir d'énergie. Car comment réaliser ses ambitions, comment aimer, si cette pulsion n'occupe pas pleinement sa place, tout en étant apprivoisée, maîtrisée, contrôlée. Elle me fait penser à la « force de frappe » d'une énergie universelle. « Force de frappe » qui permet aux animaux de faire respecter leur territoire, de défendre leur vie et celle de leurs petits; de faire respecter l'ordre et la hiérarchie dans le clan, dans le troupeau. J'ai été vivement intéressé par l'étude comparative sur le comportement animal et le comportement humain que fait le Dr. Konrad Lorenz dans son livre intitulé « L'agressivité ». Il étudie avec une observation minutieuse et fidèle le rôle de l'agressio dans le monde animal d'où nous tenons nos racines. Une des observations qu'il rapporte et qui me paraît apporter un éclairage sur nos propres difficultés avec cette pulsion est celle-ci : à chaque fois que l'on a mis en présence un nombre trop élevé d'animaux de la même espèce dans un territoire imposé, ceux-ci s'entretuent. Il est facile, malheureusement, de le vérifier dans un aquarium, une volière, ou une cage à souris. Alors comment ne pas comprendre l'homme aux prises avec ses difficultés à gérer son agressivité quand de surcroît il vit une telle promiscuité dans les grandes villes. Il lui faudra beaucoup d'équilibre, de maîtrise pour réorienter son agressivité, soit vers des voies exutoires comme le sport, soit dans une direction constructive comme la création artistique ou professionnelle. Quand cette pulsion a pu se développer harmonieusement, elle est le moteur dont nous disposons pour faire notre route ; dans le cas contraire ce moteur a des ratés dont les conséquences peuvent être dramatiques. Un père tyrannique, une mère castratrice obligeront l'enfant à refouler cette pulsion, avec toutes ses conséquences. Suivant son tempérament, l'adolescent, puis l'adulte retourneront cette agressivité refoulée contre eux-mêmes et cela pourra conduire jusqu'à l'autodestruction progressive ou jusqu'au suicide brutal, ou bien cette agressivité s'exprimera contre les autres pouvant aller jusqu'au meurtre; ou bien encore la pulsion refoulée s'exprimera à la fois contre soi et contre les autres. Il y aurait encore beaucoup à dire sur cette pulsion, son exploitation par les meneurs de foule, les despotes ou les impresarios de boxe ! Je voudrais terminer ce paragraphe par quelques avis pratiques. Si vous êtes sous l'emprise d'une grande violence, d'une forte agressivité, ou d'une colère «noire», que vous n'arrivez pas à maîtriser, c'est que vraisemblablement pour des raisons X ou Y de votre histoire, vous avez dû refouler cette pulsion, et avec l'accumulation vous êtes peut-être une bouilloire sur le point d'exploser à tout moment. Alors sans hésitations je vous conseille de donner une porte de sortie à toute cette pression : allez casser du bois, ou bien une pile d'assiettes, crier en fouettant un arbre mort à l'aide d'une ceinture ou d'un bâton, tapez dans un ballon, un punching-ball, mais surtout faites-le consciemment, conscient de vos cris, conscient(c'est à dire, sentez ce que vous faites) de vos gestes et des coups que vous donnez, de façon à ce qu'il y ait réellement élimination de votre violence et pas seulement un simple défoulement qui ne résoudrait rien. L'agressio refoulé est générateur de peur et la peur débouche souvent sur la violence. Quand cela est nécessaire il nous faut retrouver le chemin de notre agressio, permettre au refoulement de s'éliminer et entraîner la pulsion à grandir, à reprendre sa place dans la maîtrise et le contrôle. Le sport, une tâche ménagère, notre travail, une élimination consciente, peuvent être des occasions concrètes d'exercer, d'entraîner notre agressio. Regardez les joueurs de tennis et observez leurs signes, poings serrés, rictus, gestes par lesquels ils entraînent, maintiennent, contrôlent leur agressio. Konrad Lorenz dit que selon ses observations, les animaux capables du plus d'agressivité contrôlée sont ceux capables "d'aimer" le plus et le mieux, et il donne l'exemple du loup considéré comme l'un des animaux les plus féroces mais d'une grande fidélité et d'un grand attachement. Il est aussi l'exemple donné par Lorenz, d'un animal très agressif mais très contrôlé par des mécanismes inhibiteurs qui protègent la race et le clan. En effet ces animaux si féroces ne se tuent pratiquement jamais entre eux. Peut-on en dire autant des hommes ? La vraie destinée de cette pulsion, outre le fait de pouvoir défendre notre territoire, n'est pas le contre qui mais le contre quoi. A chacun à trouver sa matière pour exercer son contre quoi, études, sport, finances, argile, métal, bois, selon les disciplines sportives, les métiers, les oeuvres créatrices que nous aurons choisi en fonction de nos affinités et de nos dons.

L'attractio : C'est la pulsion qui fait que l'on est attiré par... c'est la même pulsion qui pousse Don Juan à multiplier les conquêtes tout en restant toujours sur sa soif, que celle qui agit le mystique à la recherche de Dieu par les chemins de l'amour.

Ces deux extrêmes ont en commun de chercher la même chose, mais si je puis dire, l'un cherche en quantité et l'autre en qualité. Je crois que cette pulsion est à la fois toute la raison d'être et tout le devenir de l'homme. Quelque soit notre vie professionnelle, affective, elle ne peut prendre un sens, progresser pour notre satisfaction que si nous sentons en nous se développer la possibilité d'aimer, de partager, de donner ; sinon c'est l'ennui, le non sens, parfois le désespoir, une vie ruinée malgré tous les honneurs, toutes les réussites matérielles obtenues. Cette pulsion est à l'origine d'un besoin fondamental de l'homme, celui d'aimer et d'être aimé. Reconnaître, sentir, « j'ai besoin d'être aimé », c'est déjà à moitié être sauvé, c'est la porte ouverte sur notre coeur. S'il est besoin de le préciser, l'amour est la première « nourriture » dont nous avons besoin. L'enfant anorexique rejette la nourriture offerte sans amour. De mille et une façons nous rejetons une vie sans amour et cela donne lieu à toutes les différentes maladies du « mal amour ». L'homme d'affaires ou l'amant compulsif qui en veulent toujours plus souffrent du même manque que celui qui s'est mis en retrait et en rejet de la vie. Mais suivant la trame et l'intensité de l'histoire de chacun, le manque, la souffrance, auront pris des formes d'expression différentes. Bien sûr dans un monde occidental qui a tant privilégié l'intellect, cela peut paraître simpliste de dire que la racine de tous nos maux est le manque d'amour. Mais cela est vrai et sans cette reconnaissance, il n'y a pas de changement, d'évolution possible, il ne reste plus que le vide, et nous en faisons des « choses » pour remplir ce vide, tel une cruche sans fond.Regardez, écoutez et vous verrez qu'ils ne sont pas rares les politiciens, hommes d'affaires, hommes de lettres, ceux qui ont « réussi » et qui finissent misérablement leur vie, faute d'avoir pu et su retrouver le chemin de leur coeur. Ce n'est pas de la morale, c'est un constat. Si votre réussite est mise au service de l'attractio, alors vous aurez l'essentiel, les sentiments, et de surcroît le matériel.

Apprenons à donner, à être généreux, à pardonner, c'est la seule richesse que nous pourrons emporter avec nous le jour de notre mort.

L'assimilatio est la pulsion au plan inconscient qui régit toutes les fonctions végétatives qui concernent l'appareil digestif dans l'absorption des éléments nutritifs dont nos cellules ont besoin pour se maintenir et se reproduire notre vie durant.
C'est aussi la pulsion ou l'énergie qui régit notre capacité psychique à faire notre profit de nos apprentissages, de nos expériences agréables ou douloureuses. C'est la pulsion qui accompagne l'évolution et la mise en place des autres pulsions.
Lorsque cette pulsion se manifeste à travers l'interprétation des rêves, c'est toujours le signe concret d'une intégration, d'une prise de conscience qui va dans le sens d'un meilleur équilibre psychique. C'est la manifestation du résultat d'un travail sur soi qui a pris des mois ou des années.

Les maladies du mal amour

Elles s'installent en nous par le mécanisme du refoulement. Ce mécanisme est inconscient et il agit à la façon d'une fonction de protection. C'est un moindre mal face aux agressions extérieures qui mettent en péril notre être, notre vie même. Mais cette protection, suivant notre constitution et l'intensité des coups reçus, a ses limites. Et passé le seuil de ce qui nous est supportable, certains font le choix de ne pas être et se réfugient plus ou moins dans leurs mondes ou dans la folie. Après le manque d'amour, avec tous ses scénarios possibles, la souffrance qui en découle est la cause principale de nos difficultés. Souffrance refoulée tant bien que mal, culpabilité qui en résulte et qui en même temps est une tentative inconsciente de moindre souffrance ; peurs et violences refoulées, frustrations, sentiment de dévalorisation de soi, de manque de confiance en soi, violence contre soi ou, et contre les autres, angoisses, problèmes relationnels, professionnels et affectifs, dépressions, un grand vide, un grand manque à Être. Voilà, un bref tableau évolutif dans lequel beaucoup d'entre nous peuvent trouver des échos. Que faire ? Demandez de l'aide, recevoir de l'aide, pour retrouver son chemin par la voie d'un intermédiaire. Il n'est jamais trop tard, tant que nous sommes en vie, aussi haute que soit la barrière que nous avons élevée pour nous protéger ; derrière, l'être est là, intact, avec la possibilité de germer le jour où le terrain sera favorable. Pour clore ce chapitre je voudrais dire quelques mots sur nos deux fonctions essentielles. Le Dr. P. Bour les appelle l'assimilatio et l'éliminatio. Il fait référence à notre besoin d'assimiler aussi bien sur le plan physiologique que psychique. Pour que notre corps et notre conscience d'être puissent se développer nous avons besoin d'assimiler la nourriture, l'air, mais aussi les caresses, l'affection, les sensations. Nous avons besoin d'assimiler ce que nos cinq sens (la vue, l'ouïe, le toucher, le goût, l'odorat) réceptionnent du monde extérieur. Nous avons également besoin d'assimiler ce qui nous parvient d'affectif, d'émotions, de paroles, de sentiments. C'est une saine assimilation qui nous permettra de grandir, de croître. J'aurais l'occasion d'y revenir très concrètement dans le paragraphe consacré à la méthode Vittoz.

Il nous faut aussi éliminer. Si c'est une évidence organique (transpiration, urine, selles), c'est moins évident pour notre psychisme. Or notre "cerveau" à lui aussi besoin de pouvoir se "vidanger", se libérer de ce qui l'encombre. Je fais allusion aux traumatismes affectifs, aux clichés négatifs, que nous avons emmagasiné, auquels nous nous sommes identifiés et qui bien souvent à notre insu nous conditionnent. Comment remédier à cette constipation psychique et réamorcer une élimination nécessaire ? C'est ce que nous étudierons dans un chapitre suivant, à l'aide d'exercices pratiques susceptibles de nous y aider.

Une des approches possibles

Mon propre chemin :

Essayer d'aider les autres, cela suppose être engagé soi-même dans un processus thérapeutique continu associé à un contrôle avec l'aide de quelqu'un de plus expérimenté. C'est ce que j'essaie de mettre en pratique depuis plus de trente ans.

J'ai connu le désespoir d'être malade, l'angoisse qui pousse au suicide, les tranquillisants, les situations extrêmes dont on ne revient que grâce à une aide. J'ai le droit de vivre, vous avez ce droit, ce devoir envers vous-même, d'être. Mon intention dans ce livre n'est ni de culpabiliser ni d'empêcher qui que ce soit de se suicider. Mon ambition est d'offrir une alternative, un choix possible, la liberté de décider restant entière à chacun. C'est un hommage que je veux rendre à la vie, à ceux qui m'ont aidé, avec succès. Je suis un pragmatique, un terre à terre, je veux des approches qui « marchent », des résultats concrets. Et des différentes techniques que j'ai expérimentées, j'ai retenu et je pratique celles qui me paraissent les plus efficaces, les plus humaines, celles qui conduisent à retrouver son coeur. Est-il utile de préciser que la technique n'est rien sans l'homme qui l'a éprouvé ? L'idée d'écrire SOS m'est venue a la parution de ce livre qui donnait des recettes éprouvées pour se suicider et ne pas se rater. J'ai voulu en prendre le contre-pied. Mon choix c'est la vie et pour ceux qui le souhaitent je transmet un message qui montre un des chemins possibles.

Un accompagnement : c'est bien ainsi que je considère mon rôle. Je n'ai pas la prétention de savoir pour l'autre mais je peux l'accompagner, l'aider à se découvrir. Dans ma façon de travailler, très concrètement, je suis deux lignes directrices, inséparables. Aider, encourager l'autre à éliminer psychiquement ce qui lui voile son être, son coeur, c'est-à-dire principalement, la souffrance, la peur, la culpabilité, la frustration, les tensions, la violence... Puis conjointement donner à celle ou celui qui se trouve en face de moi, les moyens de se construire, c'est-à-dire de se sentir être, de se contrôler, de se maîtriser. Permettre à l'autre de s'exprimer avec sa « tête », avec son corps, avec ses émotions. Retrouver une possibilité de relation compréhensive, tolérante, avec soi, avec les autres. Retrouver ses racines avec le « bas » et le « haut ». L'arbre ne peut grandir, pousser, faire de nouvelles branches, fleurir, porter des fruits que s'il est bien enraciné. Et pour cela certains d'entre nous doivent faire une plongée progressive dans les profondeurs pour apprivoiser les forces de vie, les pulsions qui ont été malmenées par méconnaissance, par ignorance, par souffrance.

Le psychodrame analytique

Déroulement d'une séance

Ma façon de travailler s'appuie essentiellement sur ce que j'appelle le psychodrame analytique qui associe ce que j'ai appris avec le Dr. P. Bour, le Dr. E. Jalenques , la méthode Vittoz et l'analyse. J'ai emprunté au premier sa technique du psychodrame et au second, les affects en tant qu'outils thérapeutiques. Nous commençons en général par un travail de sensibilisation corporelle qui s'appuie sur de la relaxation et des exercices de réceptivité sensorielle, des exercices d'élimination psychique, des exercices de concentration. J'ai remarqué que l'avantage de commencer par une approche corporelle est de mobiliser, de rassembler, de connecter les forces, les énergies, conscientes, inconscientes, qui sont à l'oeuvre dans le processus thérapeutique.

Puis dans le cas d'un travail de groupe chacun est invité à proposer un thème en toute liberté. Ce peut être : les petits oiseaux dans le ciel, ou l'angoisse, ou encore le départ du train, un sac de charbon, etc. Les thèmes sont notés puis le groupe passe au vote, étant entendu que l'on peut voter pour tous les thèmes si on le veut comme on peut aussi ne voter pour aucun. L'auteur du thème qui a obtenu le plus de voix va essayer d'expliciter son thème, puis avec ou sans l'aide de l'animateur, le mettre en scène avec des objets, avec des personnes, selon le cas. Les participants peuvent prendre des rôles symboliques d'animaux, d'objets, d'êtres célestes, etc. Quand les éléments du jeu sont en place, l'animateur, avec l'accord de l'auteur du thème, dit « le jeu est commencé ». L'action prend fin quand quelqu'un du groupe dit « j'arrête le jeu » ou encore « je fais opposition», auquel cas la fiction cesse et les participants retournent à leur place. Puis nous passons à la phase de la synthèse pendant laquelle ceux qui le souhaitent peuvent s'exprimer en commençant par les personnes qui n'ont pas participé au jeu. C'est durant cette période que je fais intervenir le cas échéant un travail émotionnel que j'expliciterai plus loin ainsi qu'un temps d'analyse nécessaire à l'élaboration consciente et inconsciente. Il existe des règles qui sont le garant de la sécurité du groupe et de chacun. Toute personne présente peut émettre un droit de réserve à tout moment mais qui n'arrête pas l'action. Un autre droit est celui de faire opposition, auquel cas le thème ne sera pas joué ou si le jeu a commencé, il est interrompu. De façon à éviter des abus il est précisé que la personne faisant opposition expliquera pourquoi, ou alors si elle ne le souhaite pas, elle peut aussi ne pas intervenir et sortir de la salle jusqu'à la fin du jeu. Pas d'affrontements physiques sans l'accord du thérapeute qui précisera alors les limites et la maîtrise nécessaires à l'effet thérapeutique pour éviter un passage à l'acte qui ne serait qu'un défoulement, voire un évitement. Sauf cas d'exception je n'autorise pas les jugements de valeur, ni les interprétations sauvages. J'incite les participants à s'exprimer plus en fonction de ce qu'ils sentent qu'en fonction de ce qu'ils pensent, ceci afin de faciliter un centrage sur soi plutôt qu'une projection, une déperdition d'énergie et un égarement vers l'extérieur. Du début à la fin de la séance il n'y a aucune obligation de participation active, celui ou celle qui le souhaite peut ne pas prononcer une parole. Cette position va pour moi dans le sens du respect de l'individu et de son rythme sachant fort bien par ailleurs qu'il voit, qu'il entend, qu'il sent et que inconsciemment et consciemment il enregistre. Il y a un temps pour semer, puis viendra en son temps le moment de récolter. Je crois aux vertus de la douceur, de la patience ; j'ai subi les erreurs et les conséquences de thérapeutes violents et pressés et j'ai moi-même fait parfois ces erreurs.

Les thèmes :

Comme nous l'avons vu, en début de séance, les personnes qui le désirent proposent un thème. Je trouve cette façon de procéder particulièrement habile et ingénieuse car elle permet sous le couvert du thème, du jeu, du symbole, une mobilisation de l'inconscient et de ce qui nous préoccupe, nous entrave dans notre quotidien. Parler directement de nos problèmes, ce n'est pas toujours évident et encore faut il pouvoir repérer en soi, comprendre ce qui nous arrive. En effet souvent la cause de notre malaise n'est même pas consciente. C'est la possibilité, en douceur, en sécurité, pour notre psychisme, de nous exprimer à travers une image, un symbole, une représentation. Nous baissons ainsi la garde de nos défenses pour commencer à nous exprimer. Pendant la séance et bien souvent après, dans les heures ou les jours qui suivent, j'ai pu souvent remarquer à quel point le thème que j'avais proposé servait de révélateur, de fer de lance, à une percée dans mon brouillard, à une association d'idées, d'émotions, de souvenirs, de prises de conscience. Ce processus jouant tantôt un rôle d'épuration, tantôt m'aidant, m'incitant à grandir, à oser, à essayer. Un autre aspect qui me paraît intéressant c'est celui du vote portant sur les thèmes. Le groupe consciemment et inconsciemment va élire le thème qui sera mis en scène puis joué. Or il est étonnant de constater combien sont proches par la signification et la complémentarité les thèmes qui obtiennent le plus de voix. Le groupe semblant montrer la direction qu'il veut prendre à ce moment-là. Je crois pour ma part à une communication entre les inconscients qui s'ajustent pour préciser quel outil commun ils vont choisir et partager. Je pense que proposer un thème est mobilisateur de nos blocages, des moyens de les résoudre, de notre créativité, de nos possibilités d'expression et de communication. Il est le support, l'intermédiaire, la transition vers une transformation possible.

La mise en scène et le jeu

Avant le jeu il est procédé à une mise en scène selon les directives de l'auteur du thème qui a été choisi par le groupe. Cette mise en scène se fait avec l'aide, les suggestions éventuelles de l'animateur et du groupe. Ceux qui désirent prendre un rôle se signalent au « maître » du thème qui accepte ou non leur participation. Cette phase préparatoire du jeu est importante, elle est un temps d' échauffement mobilisateur pour le psychisme.

Entreprendre une psychothérapie c'est avoir à produire un effort et il est nécessaire de s'y préparer pour le mener à terme, comme le fait le sportif dans son domaine. Lors de la mise en scène tout peut être emprunté à la nature, rôles d'objets, d'animaux, de plantes, de sentiments, personnages historiques, parents, etc. Ainsi ce jeu est aussi une occasion de création, création de rôle, de situation. Or créer a des effets thérapeutiques indéniables, même si pris hors d'un contexte soignant, cela n'est pas toujours suffisant, et je pense précisément au célèbre peintre Van Gogh. Je crois que beaucoup d'artistes ont tenté de se «soigner» à travers leur art. Certains, dans différentes traditions y sont parvenus jusqu'à la réalisation et la connaissance d'eux-mêmes , d'autres se sont plus ou moins égarés suivant le but qu'avaient pris leurs efforts (par exemple vers une ambition essentiellement matérielle ou, une recherche désespérée de l'amour dans la compulsion et la consommation). Une fois qu'il a été décidé que le jeu est commencé, les participants s'expriment, jouent spontanément, comme ils le souhaitent, verbalement, corporellement, émotionnellement. Chacun dispose du temps, de l'espace en fonction de son intuition, de sa liberté d'action. Il n'est pas rare d'observer au cours du jeu une situation affective se dénouer, un isolement se rompre, un blocage qui saute. C'est toute la magie du jeu qui touche à des mécanismes pulsionnels et archaïques, la plupart du temps inconscients. Il n'est qu'à observer l'importance du jeu dans notre vie de bébé, d'enfant, d'adolescent. Combien d'entre nous ont su préserver cette faculté, cette richesse de pouvoir jouer ? C'est par le jeu avec ce qu'il comporte d'apprentissage, par la répétitivité des mouvements, des paroles, des scènes que nous apprenons notre vie d'homme. Et c'est de la qualité de ce jeu et de ses protagonistes que dépendront notre équilibre et notre harmonie future. Je trouve qu'il est très instructif d'écouter et d'observer des enfants qui jouent entre eux. Sans le savoir ils se livrent en partie à une activité thérapeutique, éliminatrice, réparatrice. Celui-ci joue une dispute à laquelle il a assisté et qui l'a touché, cet autre met en situation une scène où les autres vont s'occuper de lui, manifestant ainsi son besoin d'attention, tel autre va se décharger ou essayer son agressivité dans des combats de cape et d'épée, ou jouer au papa et à la maman, au docteur, etc. Il y a là à notre portée tout un enseignement quant à nos propres comportements et à nos difficultés relationnelles. Les enfants sont nos miroirs, pour le vérifier il faut oser s'y regarder, ce qui demande de l'audace et de la patience.

En effet c'est oser voir nos propres manques, nos souffrances, nos impuissances, nos peurs, nos frustrations... Nous avons beaucoup à apprendre de nos enfants si nous nous mettons à leur écoute avec bienveillance, ce qui n'exclut pas une fermeté et des limites nécessaires à toute éducation. Mais gardons-nous de mettre trop de limites, car un enfant qui ne joue plus est un triste enfant. Les rênes du cheval ne doivent pas devenir une corde à son cou. Réapprenons à jouer comme des enfants pour nous dénouer, retrouver notre liberté, nous construire, nous enrichir des contacts avec les autres. Le jeu est le moyen, le support, l'espace intermédiaire et de transition où nous pouvons expérimenter des situations anciennes ou nouvelles, en sécurité. C'est un des moyens de changer, de se transformer en douceur. Je crois qu'il permet de faire des économies de souffrance et de peur. Dans le jeu nous pouvons mettre en scène nos rêves, nos fantasmes, nos obsessions, sans qu'ils constituent des passages à l'acte qui pourraient être très coûteux pour notre équilibre dans le réel. Car le jeu est cet espace de fiction, moment privilégié, où le faire semblant d'être nous aide progressivement à nous dépouiller du semblant pour arriver au vrai. Nous apprenons avec l'aide d'un nouveau masque à quitter l'ancien. Nous retrouvons la spontanéité qui nous permet d'être nous-même dans le ici et maintenant, car si le jeu est fictif, par contre celui qui joue ne l'est pas. Il est comme le révélateur qui fait apparaître notre identité et notre personnalité. Retrouver la spontanéité c'est retrouver le courant de la vie en nous comme coule spontanément l'eau de la rivière, de la source.

Voici quelques exemples de **thèmes** proposés ou choisis avec l'infini variété des mises en scène et des jeux que l'on peut inventer :

J'ai honte et j'ai envie de fuir - J'ai peur d'appuyer sur la mauvaise pédale - J'ai peur des femmes - Pouvoir et abus de pouvoir – Je me perds - J'ai le droit de réussir - Histoire sans parole - Hier j'étais au bord du gouffre, aujourd'hui... - L'adulte devant le refus catégorique de l'enfant - Je m'arrête pour écouter - Le sarcophage - Papa je te quitte - Être sans son masque - Naissance à l'être - Mon coeur (corps) maison inhabitée - Maman j'ai pas envie d'aller à l'école - Je me choisis moi - J'ai besoin de moi - J'en ai marre de calculer et d'être sur la défensive - Changer - Je ne sais pas où est ma demande - L'amour et l'ambition – La peur des autres - J'arrive pas à me décider -Le rejet - Essayer - Trop – La chance - J'ai les oreilles qui sifflent -Maman toujours faire mais rien - Je suis contente d'être ici ce soir - Me laisser porter - Un sac de charbon - Je suis petit et j'ai besoin de réconfort – Tension bis - C'est vide - Docteur expliquez-moi la folie - Non - Lassitude, abandon, sommeil ou fuite - Un effort pour un trésor - Sauter sans filet - Ce n'est qu'une question de complexe ou d'imaginaire - Fuir mais ce soir je ne peux pas - L'eau - Michel j'ai le droit d'être en colère - Pourquoi tout ce gâchis, je n'y arrive pas -Est-il besoin d'une discipline pour être libre - L'unité – Laissez-les vivre - Je n'ai pas dix dés et je perds le fil - L'enfant - J'ai cassé - La colère - L'ouverture - La blessure - L'aurore – Jean-Noël n'oublie jamais le coeur - Une locomotive sans wagon ce n'est pas un train – L'angoisse de la séparation - L'amour gratuit - Pourquoi toujours demain ? -

Je me sens traqué - Comme un oiseau - Le triptyque - Comment vivre vraiment ?

Quelle richesse de matériel pour l'animateur et les participants. Que ce soit pour remettre en scène une situation conflictuelle du passé en présence de ses parents, ou une situation du présent qui coince. Quelle découverte de pouvoir jouer à être un sac de charbon et de se sentir exister à travers la matière brute, en l'occurrence une matière pesante, bien en contact avec le sol, une substance énergétique, qui peut produire le feu, la chaleur, le mouvement. Retrouver à travers ce rôle d'objet ou d'autres le contact avec la vie, avec nos racines. Il existe un point commun entre ce sac de charbon, mon stylo, ma voisine et moi, c'est le verbe être.

Et ce verbe qui n'a que peu de signification quand on ne fait juste que l'intellectualiser, il en a une, vitale, quand on se met à le vivre, à le sentir. Si vous pouvez vous sentir être un sac de charbon, vous avez retrouvé le fil de la vie. Je ne connais rien de plus plein et de plus satisfaisant que les moments d'échanges et de sentiments grâce auxquels j'ai pu me sentir exister.

Le jeu nous permet par son rôle de transition de reprendre contact avec nos racines pulsionnelles, charnelles, terrestres, et de nous amener progressivement, en meilleures connaissances de nous-même, à réparer, à grandir. Notre corps, les êtres, les objets qui nous entourent proviennent de la terre. C'est notre matière commune originelle et finale. Et comme la terre, nous sommes régis par les lois de notre système solaire, de notre univers. Nous ne pouvons pas avoir une bonne compréhension de notre corps si nous ne sommes pas conscients de son appartenance. Et dans nos racines il faut aussi se rappeller notre héritage animal d'où nous sommes issus. C'est pourquoi dans certains cas l'étude du comportement instinctuel animal peu nous apporter un éclairage sur la source de nos propres conduites.

Un autre avantage du jeu est de nous ramener au moment présent, ici et maintenant. En effet la plupart du temps nos pensées, nos émotions, nous entraînent ou bien dans le passé ou bien dans le futur. Et nous sommes « à côté de nos pompes » pour reprendre une expression populaire imagée et significative. Nous sommes pris entre le « ce que nous aurions dû avoir » et le « ce que nous aurons », si bien que nous ne pouvons pas profiter du moment présent. Nous vivons dans l'irréalité, au lieu de vivre le réel de l'instant. Or la plupart des philosophes, des saints et des sages se rencontrent sur ce point, le bonheur est contenu dans la faculté de vivre pleinement l'instant présent.

Le mammifère dressé sur ses deux jambes ne peut atteindre sa dimension humaine, parler, écrire, symboliser, que par la relation et les échanges avec ses congénères. Le jeu permet d'établir la communication qui nous a manquée avec l'autre. Il nous redonne le contact avec nous-même et avec l'autre, par l'intermédiaire d'une partie de dames, de cartes, de scrabble ou autre, avec votre femme, votre fils,vos voisins avec lesquels il y a bien longtemps que le courant ne passe plus. Je ne dis pas que cela suffira à tout résoudre mais vous sentirez l'apport du jeu.

Le jeu crée l'occasion de se décharger sainement de son agressivité sans risque pour soi et pour les autres. Le sport pratiqué dans le fair play, les jeux olympiques, tentent de donner une issue dérivative, constructive au trop plein d'agressivité de l'homme, aux rivalités entre nations.

La plus belle dimension du jeu est celle de l'accès à nos sentiments.Jouer, échanger, rire ensemble, n'est-ce pas déjà aimer ? Les jeux amoureux ne sont-ils pas les plus beaux, les plus touchants, tel un morceau de musique improvisée pour nous charmer. Essayons de retrouver cette capacité à jouer, à nous détendre, à rencontrer l'autre.

La synthèse :

Quand l'action a pris fin sur l'intervention d'un participant, nous passons à la phase dite de synthèse. C'est un moment d'échange, de partage, durant lequel commence un travail d'assimilation. Après le jeu, la spontanéité, c'est l'instant de réflexion, de recul par rapport à moi-même. Par association nous comprenons, nous intégrons, ou bien d'autres questions viennent à l'esprit. Ceux qui le souhaitent prennent la parole en commençant par les personnes qui n'ont pas participé au jeu. C'est à cette occasion que l'on s'aperçoit qu'être "ici" est déjà thérapeutique. Car nous voyons, nous enregistrons, nous analysons et à notre insu consciente,un travail d'élaboration se fait dans l'inconscient. Si celui qui a la parole est bloqué, n'arrive pas à s'exprimer, je lui demande quel rôle il aurait pris dans le jeu, et sa réponse lui donne un élément, un support qui peut jouer le rôle de déclic dans son propre vécu présent ou passé. Le cas échéant avec son accord nous rejouerons en partie la scène, avec cette fois-ci sa participation. Un autre dira peu de choses sur ce qui a été joué mais aura le désir d'expliciter son thème. D'autres choisiront de ne rien dire parce que ce n'est pas le moment ou bien parce que le silence leur parle suffisamment.

La synthèse c'est aussi l'occasion, sans passer par le jeu, d'établir une communication directe avec les autres, en appréciant, en soulignant ou en critiquant. Dans la mesure du possible j'essaie d'éviter les interprétations « sauvages » qui sont la plupart du temps des projections. J'encourage par contre l'expression en fonction de soi, de son senti, et je fais quelque fois intervenir pendant la synthèse un travail émotionnel.

Le travail émotionnel conscient :

Conscient : car je ne crois à l'efficacité de cette approche thérapeutique que s'il est clair pour le patient, que l'expression de ses émotions, la répétition d'un mot ou d'une phrase, doit se faire consciemment et en conservant un minimum de contrôle, de maîtrise. Sinon je pense qu'il ne s'agit que de défoulement avec tous les risques que cela comporte et je ne l'ai malheureusement que trop expérimenté par moi-même, car mon thérapeute de l'époque, s'il était habile à débusquer nos refoulements, n'avait par contre pas la rigueur et la maîtrise indispensables pour nous apprendre à éliminer et à nous construire dans la relation.

Ce qui fait que la thérapie perd son but et devient un évitement. On peut en effet se réfugier, compenser dans ses émotions, comme on peut le faire dans ses pensées ou dans son corps.

Un intellect brillant, un corps très souple, le cri, ne sont pas suffisants pour être bien dans sa peau. Je me souviens, par cette erreur, être parvenu à un état où je vivais 24 heures sur 24 dans mes émotions sans trouver de porte de sortie à tout ce qui était remonté pendant ces années de thérapie, et encore plus angoissé au bout du compte par ce déferlement que je ne pouvais pas contrôler, si ce n'est au prix de prendre des tranquillisants.

Que s'était-il donc passé ? Je pense avec le recul que le thérapeute m'avait amené à ressentir ce qu'il craignait le plus d'aborder pour lui-même, c'est-à-dire essentiellement sa peur, sans pouvoir me donner les moyens ni de l'éliminer, ni de la contrôler et de la maîtriser.

Le reproche principal que je fais à ce genre de thérapeutes, c'est de ne pas continuer pour eux-mêmes un processus thérapeutique, avec un contrôle extérieur au milieu sécurisant qu'ils se sont créé. Cela leur donnerait plus le sens de leurs limites et leur éviterait d'envoyer trop souvent leurs patients en exploration de terrains périlleux qu'ils n'ont pas traversé eux-mêmes, sain et sauf.

Néanmoins, la mobilisation des affects est un levier puissant et si on sait le manœuvrer avec habileté et prudence, nous pouvons en espérer des résultats satisfaisants. Je compare la thérapie à un apprentissage à vivre. Et tout apprentissage demande de la répétition, de l'entraînement, de l'exercice. Sur ce principe, pendant le temps de synthèse je propose à certains de répéter consciemment un mot, une phrase. Je choisis en général une phrase qu'ils ont prononcée eux-mêmes et qui me paraît signifiante d'une difficulté exprimée et parfois aussi de sa résolution.

J'ai souvent remarqué que dans le discours de l'autre sont souvent contenus, à son insu consciente, à la fois le problème et sa résolution. Et je crois qu'un des rôles principaux du thérapeute est d'être le miroir qui "réfléchit".

Le mot ou la courte phrase répétés, suivant le cas, favoriseront une élimination psychique, une prise de conscience, une intégration et une construction du nouveau moi.

Au risque de me répéter je dirais que les deux lignes directrices de mon travail sont d'aider le patient à éliminer et à se construire un moi plus confortable. Car aussi insatisfaisants que soient nos habitudes, nos comportements, nos peurs, ils son néanmoins des points de repères, « quelque chose » de tangible qui rassure en partie et nous donne l'impression d'exister, une consistance.

Le « vieux moi » c'est notre identification à notre héritage familial, social, vécu. L'image que nous nous sommes construite dans le regard des autres, dans nos souffrances, dans nos peurs, dans nos défenses. Pour écarter, épurer, dissoudre ce moi inquiet qui n'existe pratiquement qu'à travers nos identifications, il nous faut en construire, en éveiller, en rencontrer un autre, le « moi nouveau », qui va apprendre progressivement à s'appuyer sur lui-même, à se trouver un centre.

Et cet avènement ne peut se faire qu'avec la participation de tout notre être psychique et corporel. D'où la nécessité, parallèlement au travail d'élimination et de reconstruction psychique, d'un travail d'élimination des tensions et de construction d'un moi corporel. En fait dans ce moi corporel je peux inclure la totalité de l'être humain qui vit, pense, évolue par et grâce à son corps. Et pour les personnes en recherche spirituelle, dont je suis, la rencontre, la transparence à notre être, à notre âme, ne peut se faire que par une connaissance vécue de nos racines pulsionnelles, corporelles, terrestres.

J'ai pour ma part trouvé dans la méthode du Dr. Vittoz une technique efficace, simple, de reconstruction de ce moi corporel, qui par les actes conscients, la réceptivité sensorielle consciente, nous ramène à l'essentiel, se sentir en vie. Cette approche, ou d'autres doivent nous permettre de retrouver un centre d'équilibre, de gravité, que les japonais et bien d'autres traditions situent au niveau du nombril. Un centre qui fait que l'on se sent exister dans et à travers tout son corps. Notre pensée, nos actes deviennent la résultante d'un équilibre, d'une harmonie entre toutes nos dimensions.

Eliminer, se construire, demande un apprentissage et tout apprentissage demande de la répétition. Ce qui s'est incrusté en nous depuis 10, 20 ou 30 ans ne va pas s'éradiquer en une seule fois. Tout comme il est nécessaire de gratter encore et encore une vieille tâche d'encre incrustée dans le bois, il nous faut insister pour lâcher prise au conditionnement de rétention de nos peurs, de nos souffrances, angoisses, culpabilités, etc…

C'est par un entraînement progressif et constant que l'on peut réamorcer une élimination psychique nécessaire à notre équilibre. Une élimination des charges émotionnelles douloureuses de notre vécu, que nous pouvons observer à travers des rêves à la trame purgative. C'est donc dans cet esprit que j'encourage telle personne à répéter un mot, une phrase, consciemment pendant ou, et, en dehors des séances. Ainsi récemment j'encourageais Sabine à répéter « je me sens piégée », tout en lui disant « laisse venir ce que tu sens ». Souvent l'affect lié à la situation remonte alors et peut trouver une porte de sortie. Dans cet exemple c'est le sentiment d'être étouffée, contrainte, empêchée, qui a remonté des profondeurs pour crever à la surface comme une bulle nauséabonde.

Souvent partant d'une phrase, une autre vient spontanément avec des mots et un sens plus proche de l'abcès qui a besoin de percer. L'encouragement à s'investir, à s'investiguer, est une dimension importante de l'apprentissage, qui contribue à aider le patient à se faire confiance pour cette descente dans les sous-terrains de sa nuit. « Vas-y, laisse venir, continue », sont les expressions les plus courantes que j'emploie, dans le sens d'un effort nécessaire à ce travail d'introspection et d'exhumation, tout en veillant à ce qu'il n'y ait pas forçage ce qui ne contribuerait qu'à créer des défenses supplémentaires.

Les propres mots et phrases du participant sont toujours préférables à ceux proposés par le thérapeute. Parfois un son, un cri contrôlé et conscient, favoriseront l'expression émotionnelle de ce qui ne peut être formulé par le langage et peut permettre un effet cathartique pour un traumatisme qui remonterait à une période pré-verbale de notre enfance, ou même du temps de notre gestation dans le ventre de notre mère. Ce son ou ce cri peuvent avoir l'avantage pour les personnes qui se sont créées de solides défenses intellectuelles, de retrouver un contact senti avec leurs émotions, leur affectivité, leur corps. Pourvu que ce cri ne soit pas qu'un simple défoulement, synonyme d'évitement de ce qui nous touche vraiment. L'enfant dans la cour de l'école, à la maison, crie pour se décharger de ses tensions. L'homme en colère qui vocifère et le chien qui aboie mais ne mord pas dit le dicton, sont proches de rites qui leur permettent de faire l'économie d'un combat à l'issue incertaine et coûteuse. Crier un bon coup, casser une pile d'assiette, donner un coup de pied dans un ballon, voilà une issue saine à notre colère, notre agressivité ou notre violence. Beaucoup de nos émotions peuvent passer dans le cri : souffrance, désespoir, peur, haine, etc…

Les inter-actions entre les participants du groupe favorisent l'expression de nos émotions et au besoin je les encourage. La présence de l'autre, son histoire peuvent réveiller des échos que nous pourrons utiliser comme des leviers pour soulever, écarter nos défenses et laisser passer un peu de ce qui nous empoisonne au sens propre comme au figuré.

De même que je conseille la répétition verbale, que ce soit à haute voix ou intérieurement, pour éliminer, je la préconise aussi,avec d'autres mots, pendant et en dehors des séances, pour se construire. Mais avant de passer à ce second aspect de l'apprentissage je voudrais préciser un point qui me paraît particulièrement important.

Aborder ses difficultés de tous ordres, y réfléchir, essayer d'y mettre de l'ordre, éliminer, ne doit se faire qu'à des moments de la journée que nous aurons choisi. Sinon nous courons le risque d'être en thérapie du matin au soir, plongé dans notre « vagabondage » intellectuel et émotionnel. Si bien que noyés dans notre peur, dans notre souffrance, notre culpabilité, ou nos obsessions, nous n'avons plus assez d'énergie disponible pour gérer le quotidien. C'est l'aspect nocif de beaucoup de thérapies qui ne mettent pas l'accent sur la nécessité de n'aborder le refoulement et ses conséquences qu'à des heures et des espaces choisis. En dehors de ces temps et de ces séances thérapeutiques nous pouvons à l'aide d'exercices simples applicables aux situations de la vie, apprendre à nous maîtriser, nous construire, sentir.

Aussi paradoxal que cela puisse paraître dans un premier temps, il nous faut apprendre à dire non, ou silence, à toute expression psychique, émotionnelle, intellectuelle qui nous perturbe. Bien sûr cela ne vient pas du jour au lendemain et cela demande de l'apprentissage. Ce « non » décidé consciemment, librement, est un choix qui écarte ce qui est nocif sans pour autant créer du refoulement qui est typiquement un mécanisme inconscient. Cet apprentissage à la présence à nous-même, au contrôle, comme nous le verrons dans la méthode du Dr. Vittoz, permet déjà de diminuer progressivement les troubles, angoisses, qui sont liés aux problèmes fonctionnels de notre cerveau, essentiellement le manque de filtrage, de maîtrise de ce qui passe de l'inconscient au conscient. Par ailleurs ce qui est écarté se retrouvera inévitablement dans un contexte où nous pourrons l'aborder en sécurité.

Pour me résumer il s'agit de nous donner le temps qui nous est nécessaire pour nous rééquilibrer fonctionnellement. Comment voulez-vous penser, sentir sainement, avec un cerveau, un système nerveux, un corps handicapés ?
C'est dans cet esprit de centrage, de présence à soi-même, d'un conditionnement réflexe positif, que j'invite, j'encourage à répéter quelques temps, un mot, une phrase en général trouvée par la personne elle-même. Je me rappelle tout de suite un exemple bien précis. Une patiente, en début de thérapie me parle avec beaucoup de difficultés d'un désir obsessionnel sexuel pour une multitude d'hommes qu'elle rencontre. Elle se sent, un court instant, soulagée l'acte sexuel accompli. Elle me dit se sentir traversée, dépersonnalisée par cette obsession envahissante. J'accueille son

inquiétude et je la rassure par une réponse osée en lui disant que je ne crois pas que sa difficulté soit d'ordre sexuel. A travers son discours, concernant en particulier son père, il était évident pour un observateur, qu'elle était, à travers le substitut du sexe, à la recherche de l'amour qui lui avait manqué. Je lui demande, si d'ici notre prochaine séance, elle accepterait de répéter « j'ai besoin d'être aimée ». Elle me répond qu'elle ne voit pas le rapport, mais qu'elle me fait confiance et qu'elle répètera souvent intérieurement, comme je lui suggère, cette phrase d'ici notre prochaine entrevue, dans sept jours. Lors de notre rendez-vous suivant elle me dit « je n'y comprends rien mais pour la première fois depuis des années, mon obsession a complètement disparu et je peux enfin avoir des rapports satisfaisants avec mon mari ».

Je prends volontairement cet exemple non pas pour démontrer l'efficacité d'une soi-disant méthode miracle, car s'il est vrai que ça ne résolvait pas toutes les causes de ses traumatismes, il est néanmoins vrai que c'est un résultat qui s'est maintenu dans le temps, lui permettant d'aborder, plus solide, les profondeurs de son inconscient. Cette reconnaissance de son besoin d'être aimée contenus dans cette phrase, et parce que c'était vrai pour elle, explique le colmatage d'une fissure qui était béante.

Je ne crois à l'efficacité à long terme de la répétition verbale positive que si elle nous correspond réellement à un moment donné de notre évolution. Et selon cette évolution et ses aléas ce sont d'autres mots symboliques qui conviendront. La vie est un apprentissage constant qui demande de la répétition, de l'entraînement, par le mouvement, le déplacement, pour la croissance, la construction de nos muscles, de nos nerfs, de nos cellules, de nos paroles, de nos sentiments, de nos idées. Cet apprentissage est nécessaire pour désapprendre, éliminer ce qui nous fait souffrir comme il est nécessaire pour créer ou laisser apparaître l'homme nouveau.

La chaise vide :

Une des techniques de psychodrame inventées par Moreno contemporain de Freud.
Parfois en début de séance individuelle ou en groupe, pendant la synthèse, je propose le jeu dit de la chaise vide. Il consiste à venir s'asseoir sur une des deux chaises ou un des deux coussins disposés l'un en face de l'autre. Sur la chaise vide ou sur le coussin qui nous fait face on s'adresse, suivant le cas, soit à une personne de son choix sensée être là, soit à un interlocuteur imaginaire proposé par l'animateur. Avec la possibilité, en changeant de place, de jouer également l'autre qui nous répond, ou même, en commençant par être cet autre qui s'adresse à nous.
Ce jeu d'une grande souplesse et d'une grande liberté d'action est souvent l'objet de résistances chez la plupart des patients qui en pressentent l'implication et l'efficacité. Ce vide en face de soi permet toutes les projections, les transferts, les expressions. Pouvoir se mettre à la place de l'autre et se répondre apporte souvent un éclairage sur une partie de nous-même que nous ne pouvions pas voir ou qui était confuse.
J'ai pris la liberté récemment auprès d'une patiente d'orienter ce jeu en lui suggérant, si elle le voulait bien, de jouer une rencontre, un échange avec son père, tel qu'elle aurait souhaité qu'il soit, un dialogue entre eux comme elle le désirerait. Je la sentais depuis longtemps tournant en rond dans sa rancune, sa violence à l'égard de son père, comme une récrimination qu'elle ne voulait pas lâcher et sur laquelle elle s'appuyait, empoisonnant sa relation avec son ami actuel. Cette scène d'une adulte qui progressivement à travers le jeu retrouvait son amour de petite fille pour son père, nous a tous bouleversés et je me suis promis de réutiliser cette approche dans ce sens, pour d'autres et moi-même. Je crois en effet que dans certaines thérapies l'accent n'est pas assez mis sur la révélation possible de notre capital de bien-être, de tendresse, de pardon, de générosité. Cela aussi est en nous et demande à être redécouvert et à grandir.

Alors que je rentrais d'un cours du soir de comédien, je me demandais un peu

naïvement, « mais pourquoi je me sens si bien alors que je n'ai rien fait d'extraordinaire ? ». Puis j'ai réalisé, je viens de jouer et pendant le temps où j'ai pris des rôles, par le biais du jeu, j'étais présent dans mes interprétations, tantôt de personnage comique, tantôt dramatique. Et j'ai fait le rapprochement avec le psychodrame, la chaise vide ou toute autre activité qui nous incite à la présence, à la concentration, qui nous ramène dans l'instant présent.
Est-il possible que tout ce bien-être, tout ce bonheur que nous recherchons soit simplement contenu dans la capacité, la qualité à vivre le moment présent ? Je vous laisse le soin d'essayer d'en faire l'expérience et de le découvrir par vous-même.

Les rêves :

Parmi le matériel apporté dans la thérapie, il en est un particulièrement riche, le rêve. Ou bien il est clair et compréhensible pour le rêveur et marque une étape de son évolution, ou bien il est plus ou moins codé et demande avec précaution à être déchiffré. Une interprétation brutale et sauvage, outre le fait qu'elle peut être complètement fausse avec ses conséquences de repliement pour le patient, peut, si elle est juste mais prématurée, frustrer l'autre du plaisir des effets créateurs de sa propre recherche et découverte. Aussi il me paraît préférable, soit de mettre en scène le rêve et de le jouer, soit par le procédé des associations, d'encourager la personne à décoder elle-même le message, quitte à l'aider à rassembler et ordonner les informations, les éclairages qu'elle se donne. C'est l'effet libérateur évident ressenti par l'autre qui est le garant d'une interprétation juste qui arrive au bon moment.
Une façon originale de décrypter un rêve, est de suggérer au participant de raconter à nouveau le rêve, mais cette fois-ci en s'identifiant (un à la fois) à un des personnages, animaux ou objets du rêve, partant de l'hypothèse, que nous sommes symboliquement tous les éléments du rêve, comme autant de révélateurs de nos nœuds, de nos conflits, de nos désirs.

Nos rêves sont importants, nous nous parlons à nous-même. Une partie de notre nuit cherche à voir le jour, pourvu que nous soyons à l'écoute. Le rêve est une des fonctions vitales de notre psychisme. Des expériences ont été faites au cours desquelles on a empêché de dormir et de rêver des hommes, dans un laps de temps relativement court, 48 heures environ ; les sujets présentaient des troubles psychiques importants, proches du délire et de la folie. Le rêve est l'outil de notre réflexion archaïque inconsciente et lui permet de s'exprimer dans ses désordres mais aussi dans sa créativité, son travail d'élaboration, de mise en place de nos pulsions, son besoin d'éliminer.

Avec un peu d'habitude, il devient assez facile de repérer les rêves où cherchent à s'exprimer les principales pulsions , l'agressio, l'ambitio, l'assimilatio, l'éliminatio et l'attractio. Ce sont des points de repère dans mon travail qui me permettent d'accompagner l'autre en essayant d'éviter une intervention « à côté » ou un contre transfert.

Je suis particulièrement touché (et certainement concerné) par les rêves d'élimination et leur caractère souvent spectaculaire et démonstratif. Je pense en particulier à ce patient me racontant qu'il faisait en rêve une mare de merde sous lui ou cet autre rêvant qu'il mouchait épais et que ça sortait, ça sortait... et plus récemment cette patiente qui rêve qu'elle fait sa merde par la bouche et se réveille avec un fort sentiment de dégoût (montrant à la fois son besoin vital d'éliminer et sa difficulté à emprunter une voie normale).

Se manifestent aussi ces rêves dans lesquels s'expriment de la colère, de l'angoisse, de la souffrance, de la jalousie, comme autant de tiraillements qui cherchent une porte de sortie, un exutoire. On crie même parfois dans ses rêves, on transpire, on s'agite, on donne des coups, on éjacule, on jouit. Toute une vie étouffée, entravée, qui cherche à voir le jour. L'être recouvert de sa "boue", son ignorance cherche à germer, quand ce sera chose faite, il pourra, demain, se servir comme d'un ferment, de ce qui l'entravait, pour pousser, grandir, créer, fleurir.

C'est cela s'accepter, c'est pouvoir transformer et intégrer. Je crois que l'on ne peut pas nier ce qui nous gêne mais le transformer. Canaliser tous nos refus, nos frustrations, nos peurs, nos souffrances dans le désir de changer, de nous libérer, d'être heureux, satisfait.

Cela demande des efforts, c'est un choix que de les orienter dans ce sens. A la rencontre de sa valeur, à l'apprentissage de son autonomie, au respect, à l'estime de soi et des autres ; c'est l'éducation qui nous a manquée et que nous devons reprendre aujourd'hui comme une rééducation.

Nos rêves, porteurs de nos espoirs, de nos désespoirs, de nos désirs, de notre vécu, méritent toute notre attention; ils permettent au thérapeute attentif de rester près de la réalité du patient, de ce qui est vrai, plutôt que de s'embarquer dans de séduisantes et rassurantes théories. Cela suppose, face à l'autre, de pouvoir faire suffisamment le vide en soi ; de pouvoir rejoindre sans peur (ou suffisamment maîtrisée) l'autre, là où il se trouve dans les profondeurs de sa détresse; cela suppose y être déjà descendu pour soi-même et revenu.

Ce n'est qu'en faisant l'apprentissage de la connaissance et de l'apprivoisement de nos propres pulsions à leur source que nous pourrons aller à la rencontre de l'autre pour l'accompagner dans ce voyage. C'est une porte bien gardée par la peur, sinon la terreur, que l'on ne peut franchir qu'avec un passeur expérimenté.

Un aspect souvent déroutant du rêve, c'est son avance sur le temps. C'est un stade d'élaboration dans l'inconscient de la personne, éventuellement d'un bien-être acquis, mais il faudra du temps, quelques semaines, quelques mois, pour que cela devienne effectif, qu'elle le vive consciemment et concrètement dans sa vie de tous les jours. Un temps de mûrissement, de passage, semble nécessaire marquant une étape d'assimilation psychique du changement. Il y a quelques mois un patient me racontait avoir rêvé qu'il se trouvait avec moi à l'avant d'une voiture coûteuse ; nous portions tous les deux des manteaux de fourrure. Son rêve, signe de son ambitio se réveillant était en décalage par rapport à sa situation professionnelle et matérielle du moment, mais néanmoins c'était une étape dans son inconscient, et

depuis sa situation évolue progressivement dans le sens de ses désirs reconnus et affermis. Les rêves comme nos somatisations sont la manifestation la plus évidente d'un inconscient, d'une vie psychique souterraine.
Jean-Paul Sartre appelait l'inconscient « la mauvaise foi » sous-entendu, tout ce que nous ne voulons pas voir. Sans aller jusque dans ce sens, nos rêves essaient de nous montrer ce que nous refoulons. Ils nous montrent aussi tout le désordre d'une vie pulsionnelle qui n'a pas pu s'épanouir harmonieusement. Mais ils sont aussi le précieux indicateur de nos changements, de notre évolution en cours.
C'est un point de repère sûr pour le thérapeute, pour évaluer l'ampleur des dégâts commis, comme pour apprécier l'orientation à donner au traitement et les progrès du patient. A une certaine période de la cure je conseille de noter les rêves qui nous ont touchés sans chercher à faire par soi-même un travail de décodage excessif.
Cette pratique aide au travail de décantation du rêve tout en permettant de prendre du recul par rapport aux affects, en attendant de l'exploiter dans la relation thérapeutique. J'ai remarqué que les rêves importants que nous avons fait il y a six mois ou 10 ans, s'ils n'ont pas été analysés, reviennent spontanément au moment où le contexte nous permet d'en assimiler la signification. Il y a des rêves où l'animateur est impliqué symboliquement, présent dans le rêve. La semaine passée dans un groupe que j'animais à Lyon, une patiente qui venait pour la deuxième fois à une semaine d'intervalle, nous dit avoir rêvé, la nuit qui a suivi son premier groupe, qu'elle faisait l'amour avec moi, et rajoute « je n'y comprends rien ». Je l'accueille elle et son rêve, en lui disant que je me sens honoré et respectueux de ce qu'elle partage . Comment ne pas voir à la faveur du transfert, l'attractio étouffée de l'enfant qui tente de prendre son envol, le besoin d'aimer et d'être aimé.

Le transfert :

C'est la dimension la plus délicate de mon travail et de la relation avec l'autre, car elle me renvoie souvent à mes limites. Quelle liberté ai-je acquis par rapport à mes propres transferts (contre transfert quand il s'agit d'un patient), ou mes projections ? Quelle liberté ai-je acquis face à mes peurs, mes demandes, mes besoins, mon histoire familiale, parentale, sociale ?

Certes il n'est pas utile d'attendre une perfection lointaine pour être thérapeute, mais notre propre équilibre face aux responsabilités que nous prenons, dépend de la réponse à ces questions. Quand je ne sais pas, ou que je me sens trop concerné, j'essaie de me taire, d'accepter mes limites. J'essaie de ne pas nuire et de garder présent à l'esprit ce principe, pour ne pas répéter les fois où je me suis trompé, où j'ai fait des erreurs, où j'ai fait mal et où je me suis fait mal.

A travers le transfert c'est un pouvoir et une autorité importante que nous confie le patient. C'est aussi par moment une rude épreuve quand il s'agit d'un transfert négatif aigu. Ce puissant levier va nous permettre d'aider l'enfant (dans l'adulte) à se libérer de son passé. Tantôt nous sommes les bons parents, puis les mauvais, objets d'amour, de haine, de colère, de violence, de tendresse, de peur.

C'est un rôle bien délicat que d'être ce substitut momentané qui devra tantôt encourager, tantôt se taire, quand l'autre commence à avoir les moyens de rencontrer la frustration, frustration assumée qui l'aidera à devenir plus mature. Tantôt devoir faire preuve d'autorité pour aider à l'apprentissage des limites et des interdits. Cela me fait penser à un acteur capable d'endosser tous les rôles sans s'identifier à aucun.

La thérapie est pour le patient un processus de désidentification qui doit le mener à trouver sa propre identité, dégagé des images qu'on lui a plaquées, libre des jugements qu'il porte sur lui-même. Et cela passe presque toujours par une identification au thérapeute, une épine nécessaire pour en retirer une autre.

Dans le processus du transfert il y a aussi l'espoir, la confiance, d'être accueilli, aimé pour ce que l'on est. Je ne crois pas que l'on puisse aider un patient si on ne l'aime pas. Aimer étant synonyme de respect, d'empathie. Ce n'est pas la moindre ambiguïté possible pour le thérapeute, que de désirer l'autonomie de son patient et de dépendre de lui pour son casse-croûte ! ce n'est pas le moindre test non plus par rapport à sa propre liberté, que de se rendre compte s'il peut « lâcher » l'autre ou au contraire s'il le retient.

Dans les moments de transferts négatifs ce sont de vieux comptes à régler qui se projettent vers le thérapeute, à charge pour ce dernier de supporter le mauvais rôle jusqu'au moment favorable où les vieux affects étant suffisamment extirpés, il pourra faire prendre conscience au patient à qui son discours s'adresse réellement.

Quand les ressentiments ont pu s'exprimer, il est important, pour pouvoir rétablir une relation positive avec le thérapeute, les parents, l'époux ou l'épouse, de passer du « à cause de qui» à la compréhension du « à cause de quoi ».

Si nous sommes un peu à l'observation de nos comportements nous pouvons constater que nous faisons souvent des transferts, nous voyons et attendons dans cette personne le bon père ou la bonne mère que nous aurions désiré, ou au contraire nous imaginons le parent qui nous a fait souffrir. Ou bien, nous projetons, c'est-à-dire que nous prêtons aux autres nos propres sentiments, émotions et intentions. Ces mécanismes font partie du jeu de la thérapie, ils sont des moteurs de sa dynamique.

La difficulté en tant que thérapeute, est de les gérer et de ne pas prendre pour soi ce qui s'adresse à d'autres.

Je sens s'acheminer la fin d'une thérapie quand la relation avec le patient se dégage du transfert et que celui-ci commence à s'adresser à moi, en tant que personne unique, d'égal à égal. C'est dans le transfert, que s'établit cette relation, qui deviendra adulte avec la perte progressive du transfert.

Dans le transfert se posent aussi les limites du pouvoir, de l'autorité de l'éducateur. Un éducateur qui doit savoir doser les échanges, les frustrations, et ne pas perdre de vue que le but est l'unité, l'autonomie, et le bien-être de l'autre.

Dans la pratique du psychodrame analytique, j'ai parfois spontanément des contacts physiques avec les patients : une main sur l'épaule qui accompagne une souffrance qui s'exprime, un bras le corps, fait de virilité ou de tendresse.

Le corps est notre premier outil de communication, il serait dommageable de s'en priver dans une thérapie comme d'en abuser. L'apprentissage de la liberté ne peut se faire que dans la rencontre de limites acceptées et maîtrisées. Je conçois qu'en analyse l'éthique des limites et de la distance soit différente.

Face à nos mécanismes inconscients qui souvent nous aveuglent, il est nécessaire d'avoir quelques points de repère comme : essayer de ne pas nuire et de ne pas se nuire ; dans l'ignorance, dans l'impuissance, essayer de se taire. Dans le transfert, je crois plus pour ma part à l'efficacité d'une attitude qui essaie de doser les encouragements et la frustration, qu'à un principe reposant avec rigidité sur la frustration.

Quand une personne meurt de soif dans le désert, je pense qu'il vaut mieux lui servir à boire avec modération avant de lui apprendre à se servir par elle-même.

Le corps :

« Oh mon corps bien-aimé » ; la première fois que j'ai lu cette exclamation d'un maître d'Orient, je l'ai trouvée narcissique, impudique, gênante. Puis je l'ai envié. Ah, si moi je pouvais aussi être suffisamment bien dans ma peau, pour apprécier ce délicat et merveilleux outil. Si je m'aimais assez pour goûter harmonieusement les plaisirs que peut m'offrir mon corps. Que d'amour dans cette exclamation à la gloire du corps, notre temple, résultat de toute une évolution créative.

Le corps est l'enveloppe charnelle de notre psychisme. C'est grâce à lui que nous pouvons penser, sentir. Rien d'étonnant donc qu'il soit si lié dans ses manifestations, son état de santé, à notre vie affective et intellectuelle. Sans oublier le microcosme que nous constituons, corps et esprit, à l'image et influencé par le macrocosme dans lequel nous existons, nous vivons.

L'étude des bio-rythmes, l'astrologie et bien d'autres sciences ont clairement démontré que nous dépendons aussi des influences climatiques et astrales.

J'ai souvent entendu dire « le corps ne ment pas », je crois que cette affirmation est juste. Tout, dans nos attitudes, notre voix, notre posture, notre façon de marcher, de serrer la main, de manger, etc... parlent de nous. Si nous excluons les causes accidentelles diverses, nous pouvons dire qu'un corps harmonieux (non pas beau selon les critères de la mode du moment) dans ses formes et ses mouvements, est souvent à l'image d'une harmonie intérieure.

Bien sûr il y a des exceptions dans l'exagération et la compensation de ceux qui ont tout investi dans un canon d'esthétique, de souplesse ou de compétition et de record, mais un œil et une oreille exercés ne s'y trompent pas.

De même, il y a des thérapies qui sont tombées dans les excès inverses de l'analyse et qui créent de nouvelles défenses, les « défenses iatrogènes » ou « défenses de la thérapie », proposant de vous aider à résoudre vos problèmes en quelques séances de massages, de manipulations ou de respirations. C'est bien tentant lorsqu'on est si pressé de guérir mais que de désillusions après, lorsque l'on a oublié le dicton populaire qui dit que « le temps ne respecte pas ce qui se fait sans lui » ou « vite fait, vite défait ». La patience, pour le thérapeute comme pour le patient est bien le premier apprentissage.

Lors de notre histoire, de notre vécu, les multiples agressions de toutes sortes que nous avons subies ont provoqué des traumatismes psychiques plus ou moins graves qui se sont aussi inscrits dans notre corps sous forme de tensions, de contractions, de «rétrécissements» parfois même de malformations, logés, mémorisés dans nos nerfs, dans nos muscles, dans nos cellules. Il est donc tout à fait compréhensible qu'en agissant sur le corps nous aidions à la résurgence, à l'élimination des affects négatifs du passé ou que nous contribuions en rétablissant un équilibre et une harmonie physiologiques, à l'équilibre du psychisme.

Plus nous aurons été maltraités, plus cette double démarche de tenir compte à la fois d'un travail psychique et corporel me paraît indispensable. Pour préciser nous dirons que plus nous avons été atteints, par voie de conséquence, dans notre unité, plus l'éclatement, le morcellement intérieur seront importants, plus nous aurons besoin d'une approche corporelle qui nous aidera à nous réunifier. A des degrés divers que nous en soyons conscients ou non, nous souffrons, nous avons tous peur de ce manque d'unité, qui entraîne un manque de contrôle à vivre et à organiser notre vie matérielle et affective de façon satisfaisante.

Nous donnons pour notre part la préférence aux thérapies qui privilégient dans leurs moyens ce retour à l'unité de l'être.

Un homme heureux a un corps détendu. Notre degré de tension pourrait être une échelle de mesure de notre bien-être intérieur, de notre capacité à ressentir la joie, le plaisir. La plupart des techniques d'apprentissage, que ce soit dans le domaine du sport, de la musique, des arts martiaux, tiennent compte de la nécessité de partir d'un corps détendu pour pouvoir ensuite se concentrer efficacement. Nous savons tous par expérience que la nervosité ne favorise pas la maîtrise et peut même être cause d'accident.

C'est pourquoi la relaxation, même si elle est une technique répandue, est une aide non négligeable à la restauration de notre équilibre. Réhabiter, réinvestir son corps, peut demander un long et patient travail. Combien sommes-nous à nous sentir exister dans nos jambes, nos mains, notre poitrine… Être ne peut prendre tout son sens et tout son effet libérateur que si nous le sentons, sinon cela reste une notion intellectuelle. Et pour se sentir exister nous avons besoin d'un corps où les pensées, les émotions, l'affectivité, l'énergie circulent librement. Pour faire de nouvelles branches, des feuilles, pour fleurir, porter des fruits, l'arbre a besoin d'être bien enraciné en terre. La méthode Vittoz est un des moyens proposés pour y parvenir.

La méthode du Dr. Vittoz

Vittoz était un contemporain de Freud dont l'originalité a consisté à approcher la maladie psychique, d'abord par le corps. Considérant que s'appuyer sur la faculté de penser, de raisonner, d'un névrosé pour le guérir, équivaudrait à se servir d'un instrument défectueux pour réparer ce même instrument.

Vittoz propose de commencer par redonner au patient les moyens d'une conscience suffisamment équilibrée et maîtrisée pour pouvoir ensuite aborder un travail

psychique de l'inconscient passant par la parole. Pour cela il nous propose une méthode de rééducation fonctionnelle du cerveau à base de réceptivité sensorielle consciente. Partant du principe que les sensations senties consciemment rétablissent progressivement un point d'équilibre, de connections et de maîtrise, entre notre vie intellectuelle, affective, consciente, et notre vie refoulée, pulsionnelle, inconsciente.
Citons à ce propos l'auteur : « On a voulu mettre le siège de certaines psychonévroses dans le cerveau inconscient ; ce qui me paraît le plus vraisemblable, c'est qu'il faut en chercher l'origine plutôt dans le défaut d'équilibre et de connexité des deux cerveaux :
c'est par ce trait d'union que l'homme est normal, ce serait au contraire par la séparation plus ou moins accentuée du cerveau conscient et inconscient qu'il serait plus ou moins malade ».

L'approche de Vittoz va bien au-delà d'une simple méthode de rééducation et je comprends que certains ont pu en faire un art de vivre. Elle pourrait pour moi se résumer dans une phrase : Être ici et maintenant dans la sensation, dans l'acte conscient, senti. « La pensée est émissive, la conscience, telle qu'il l'entend, réceptive », à partir de cet autre principe l'auteur nous propose de « nourrir » notre conscience, d'apprendre à recevoir, par l'intermédiaire de notre corps et de ses cinq sens. A partir d'un exemple, essayons de comprendre le mécanisme de cette approche. Faites l'expérience suivante :
toucher avec la paume de la main un objet simple, les yeux fermés (le bois de la table ou du fauteuil, une étoffe, un verre, etc…) et accueillez consciemment la sensation éprouvée sans associer ou mettre de qualificatifs, en essayant de ne pas penser, simplement accueillir cette sensation tactile. Pendant ce court instant plusieurs processus se sont déroulés que je vais d'abord résumer sous la forme d'un schéma :
accueillir une sensation → conscience → unité → être → ici et maintenant.

En effet, à un degré aussi faible soit-il, tous ces éléments sont présents dans cette expérience. La sensation ne passe ni par nos émotions, notre affectivité ou notre intellect. Elle possède un circuit autonome qui est néanmoins en connection avec notre psychisme. Sa faculté d'être perçue, reçue, dépend de notre état de tension corporelle. Plus le courant passe, mieux nous pouvons recevoir à travers nos cinq sens, plus nous sommes présents, en état d'harmonie, d'unité avec le monde extérieur et notre monde intérieur.

De cette faculté à recevoir dépend l'état d'expansion et le niveau éthique de notre conscience. Ici et maintenant dans ce senti de quelques secondes je suis un, qui sent. La sensation nous ramène au sentiment d'unité, d'être, par ce corps, dans ce corps. A partir de cette constatation vécue, Vittoz propose des exercices simples, nous invite à en trouver par vous-même dans la vie de tous les jours. Un paragraphe sera consacré ultérieurement à ces exercices. Quelque soit l'origine de nos troubles, de notre plus ou moins grand morcellement intérieur, qui ont entraîné un manque de maîtrise cérébrale, l'angoisse, la peur, Vittoz met l'accent, chaque fois que cela sera encore possible, sur la nécessité de rééduquer notre cerveau, de lui redonner l'unité, le contrôle, la conscience qui lui permettra d'avoir accès à une pensée plus claire et de retrouver la santé au sens large du terme.

Vérifier que notre capacité à recevoir, que de développer cette faculté par un lent et patient apprentissage, permet de mieux émettre, penser, ne peut pas se mettre en équation, il faut en faire soi-même l'expérience. Les mots ont leurs limites, rien ne remplace le vécu personnel. Ainsi, essayez chaque jour de faire quelques pas de marche consciente, c'est-à-dire dans un premier temps, simplement en accueillant alternativement la sensation du contact de vos pieds avec le sol, en marchant lentement ; sentez une fois sous un pied, une fois sous l'autre et découvrez… L'ouïe, la vue, l'odorat, le toucher, le goût, sont nos antennes réceptrices, il nous suffit de nous reconnecter consciemment et progressivement avec elles pour retrouver le courant de la vie. Ce courant nous aidera alors à nous régénérer, nous réorganiser, nous épurer, nous unifier.

Essayons de nous brancher sur la vie avec les fils et les prises qu'elle a mis à notre disposition pour recevoir son message. Ces actes de réceptivité sensorielle consciente que nous propose Vittoz, débouchent sur d'autres exercices qu'il suggère dans une deuxième phase dans le but de développer notre volonté.

Ces actes volontaires sont là pour faire progresser le patient dans sa faculté de maîtrise de son énergie à vouloir,choisir, décider, contrôler. Toujours à partir d'exercices simples, la personne s'entraînera patiemment par exemple, à décider « je veux me lever consciemment de mon siège, aller ouvrir cette porte, sentir le sol sous mes pieds, regarder la poignée, la sentir dans ma main, écouter le bruit qu'elle fait quand je l'ouvre et la ferme, et revenir m'asseoir. »

Cette technique peut être appliquée à toutes sortes d'actes de la journée qui deviendront des actes conscients, voulus. Quelques minutes par jour suffiront à faire grandir notre soif de vivre conscient, éveillé, et ce qui demandait un effort au départ, deviendra un réflexe correspondant à un besoin, puis un art de vivre.

Un des moyens de vérifier notre manque de contrôle, de présence à nous-même, c'est de constater notre plus ou moins grand « vagabondage cérébral » comme le nomme Vittoz. C'est-à-dire l'afflux de pensées et d'émotions de toutes sortes livrées à elles-mêmes sans maîtrise, avec toutes ses conséquences : nous vivons dans le passé ou le futur, nos gestes sont mal assurés, inconscients , nos décisions, nos choix sont hésitants, etc…

Le Dr. Vittoz par son approche de rééducation fonctionnelle nous permet étape par étape de mettre fin à ce processus infernal. Il met à notre disposition des moyens concrets, simples, d'établir le silence en nous, d'apprendre à dire non à ce qui nous nuit, de reprendre les commandes de notre vie. Bien sûr il ne faut pas confondre vagabondage cérébral incontrôlé et la rêverie créative dont nous sommes conscients et à laquelle nous pouvons mettre fin quand nous le souhaitons.

Vittoz propose également à ses patients des exercices de concentration qui se font en général les yeux fermés et qui portent sur l'aptitude à dessiner mentalement des figures géométriques plus ou moins compliquées et à se concentrer pendant un temps allant en s'accroissant progressivement avec les séances sur la visualisation mentale de ces mêmes figures. J'en donnerai plus loin quelques exemples.

Le but de ces exercices de concentration est de permettre au patient d'apprendre à maîtriser son émissivité, ses pensées. Nous pouvons par cette démarche écarter efficacement une idée fixe, une phobie, une angoisse : retrouver un sentiment d'unité. Un autre apport original de cet auteur c'est l'importance qu'il donne à l'élimination psychique et aux moyens pratiques de la rééduquer et de la réamorcer chez le névrosé «constipé ».

J'en profite pour recommander chaudement le livre qu'il a écrit à l'intention des malades et qui est d'une lecture facile et compréhensible par tous. Je précise pour les puristes que j'aborde Vittoz en fonction de mon vécu et de ma compréhension personnelle et non pas en technicien.

Vittoz propose au patient l'élimination de clichés négatifs qui le conditionnent à son insu. Ce peut être sous la forme d'un mot ou d'une phrase écrite mentalement sur un tableau noir, puis effacés à l'aide d'une éponge, toujours mentalement, en commençant par la dernière lettre pour remonter jusqu'à la première. Ainsi on efface, en démontant en quelque sorte la construction psychique du mot et sa représentation symbolique. Si nous prenons le mot peur, son effacement en lettre s'accompagne d'un effacement de sa représentation symbolique, c'est-à-dire de l'affect dont il est porteur. Par la répétition régulière de cet exercice, la charge émotionnelle négative est conduite progressivement à s'éliminer par un processus de lâcher prise auquel participe la personne, corps et esprit. En effet une peur qui « sort », ça se sent émotionnellement, et ça se sent aussi à l'odeur émise par le corps !

Cette élimination n'a rien de magique : de même, je pense que nous stockons des substances chimiques dans nos cellules, liées à nos refoulements, de même ces mêmes substance qui agissent nerveusement, musculairement sur nous, peuvent se trouver libérées sous l'effet d'un travail psychique.

Je suis personnellement reconnaissant à Vittoz de l'accent qu'il a mis sur la nécessité d'une saine élimination psychique participant à notre équilibre mental.

J'ai trop souvent le souvenir de ces années de thérapie mi-émotionnelles, mi-analytiques où des tas de choses étaient remontées à la surface me laissant au bout du compte encore plus angoissé et désespéré que je ne l'étais au départ.
Trop peu de thérapeutes sont conscients de cette fonction indispensable. Combien ai-je vu de patients incapables d'assimiler un apprentissage, des études, faute de disponibilités et de place, tant ils étaient constipés, à commencer par moi. Je dédie à Vittoz ce poème que j'ai pu écrire grâce à lui et à ceux qui m'ont transmis son enseignement (chère Colette), alors que j'animais un stage de thérapie dans la Drôme, au contact de la terre, de la montagne, des arbres, des fleurs, de nos racines.

L'Autre Soir,

L'autre soir celui que je sens
L'autre odeur celle que je sens
Une odeur de menthe à la fraîcheur de ce soir
L'autre vue celle que je vois
Ce sont les couleurs de la palette de dame nature
L'autre son celui que j'entends
Le chant du grillon, celui de l'oiseau qui me dit « Je Suis »
L'autre toucher, celui que je sens,
Celui de mon corps avec la terre qui lui répond,
L'autre saveur celle que je goûte
Mon amour quand je suis présent.

Grâce à Vittoz j'ai réalisé que l'on pouvait penser, avoir des émotions, des sensations, sans conscience, donc sans maîtrise et je rajouterais par voie de conséquences sans présence, sans joie, sans plaisir. Voici une des définitions qu'il nous donne de l'état normal de notre psychisme : « Nous entendons par équilibre cérébral normal lorsque chaque idée, impression ou sensation peut être contrôlée par la raison, le jugement, la volonté, c'est-à-dire qu'elle peut être jugée, modifiée ou écartée ».

Nul doute que l'auteur a établi sa méthode à partir de son vécu et de son senti personnel, ce qui en fait toute la valeur, tant il est vrai que dans leur essence les êtres humains ont bien des points communs.

Un autre aspect qui nous paraît important pour l'issue de la cure, c'est la possibilité pour le patient, dans ce type de traitement de se prendre en charge et de ne pas s'en remettre à l'hypothétique et unique pouvoir "guérisseur" du thérapeute.

Après cette démarche essentiellement fonctionnelle, quand cela est nécessaire, Vittoz aidera le patient au désenfouissement de souvenirs, de scènes, d'affects refoulés, proches en cela de ce qui se fait en psychothérapie ou en analyse. Le mérite de Vittoz nous semble être d'avoir été le précurseur de l'importance de l'utilité et du développement d'une conscience réceptive dans le traitement et le rétablissement des névroses.

Il est à noter qu'il était le contemporain de Freud qui mettait l'accent du traitement sur l'inconscient. A travers notre pratique, une synthèse des deux approches nous apparaît tout à fait souhaitable, tant pour le thérapeute, qui apprendra ainsi à développer sa réceptivité à lui-même et donc à l'autre, que pour le patient qui sera accueilli et traité dans son entité globale, corps et esprit.

Les exercices que vous pouvez faire vous-mêmes

Le but de ce chapitre est de mettre à votre disposition une série d'exercices pratiques qui s'inspirent de la méthode Vittoz et de notre pratique. Nous ne présentons que ceux que nous avons expérimentés pour nous-même et dont nous avons pu ainsi vérifier l'efficience. Ces exercices font partie d'un apprentissage et nous insistons à nouveau sur la nécessité de la répétition pour bénéficier de leurs effets. Il n'est pas conseillé de tous les faire mais plutôt de choisir en fonction de vos besoins, du moment, ceux qui vous semblent les mieux adaptés.

Essayer, nous paraît être le mot et l'attitude clés face aux diverses résistances que vous pourrez rencontrer, doutes, fatigues, inquiétudes, impression de contraintes, etc.. Les exercices proposés ne sont pas tous typiquement vittoziens mais ils s'inspirent de sa méthode.

Exercices de réceptivité sensorielle :

La sensation consciente polarise l'attention du cerveau et préserve la conscience des intrusions associatives. Ainsi s'établit le conditionnement de l'arrêt des associations d'idées. Tous ces exercices se pratiqueront en essayant de ne pas intellectualiser, d'associer des idées, mais simplement en essayant de les vivre. Il s'agit de sentir, d'être conscient de la sensation ou de l'acte et non pas de les penser. Pour faire la distinction vécue entre le sentir et le penser, il est conseillé de commencer par des exercices simples.
Par ordre de priorité, les deux exercices de base que nous considérons parmi les plus importants sont, la marche consciente et la respiration consciente. Pratiquez-les d'abord quelques secondes par jour puis quelques minutes. Dans les exercices qui suivent accueillez consciemment, une seule sensation à la fois.

La marche consciente : les premiers temps, cela consistera à accueillir consciemment la sensation éprouvée alternativement tantôt sous un pied, tantôt sous l'autre, tout en marchant lentement. Puis, par la suite, à accueillir successivement les sensations du mouvement des jambes, sentir la posture du tronc et de la tête, le balancement des bras, l'air qui entre et qui sort par vos narines; à accueillir consciemment les divers sons que vous entendez, les couleurs que vous voyez.

Accueillir est un état de réceptivité consciente, une ouverture sans efforts intempestifs, sans tensions. C'est un exercice que l'on peut pratiquer en de nombreuses occasions de la journée, aussi souvent qu'on le souhaitera.

Une coordination s'établit entre les différentes sensations, qui donne un sentiment d'équilibre et de bien-être.

Cet acte conscient et ses sensations qui correspondent à un mouvement naturel, nous donne accès à plus de conscience. Sa pratique permet de nous détendre, de nous défatiguer.

Comme pour les autres exercices son but est de nous aider à nous réapproprier notre corps, à nous recentrer. Nous avons remarqué à travers notre propre vécu que la pratique de la marche consciente détend progressivement le corps et permet une descente du moi inquiet, logé dans les tensions du haut du corps, vers notre centre de gravité, à sa juste place, au niveau du nombril. La sensation d'être centré à cet endroit du corps est accompagnée d'un sentiment d'enracinement, de contact avec la terre, ce qui rejoint l'importance donnée au Hara dans la démarche du Zen.

Cette « descente » s'accompagne en général d'une modification du timbre de la voix qui a tendance à devenir plus grave, plus assuré. La rééducation fonctionnelle du corps permet d'obtenir l'outil en bon état de marche indispensable à notre équilibre. La réduction des disharmonies corporelles, énergétiques, psychiques, nous amène pas à pas à plus de simplicité et de vérité. Comment maîtriser nos racines, notre vie pulsionnelle, si nous ne contrôlons pas notre corps ?

La respiration consciente : de préférence les yeux fermés, sentez l'air qui entre et qui sort par vos narines. Si vous le pouvez, suivez la sensation de son trajet dans la poitrine et dans le ventre. Pour une autre variante, gardez l'air inspiré quelques secondes dans vos poumons, puis expirez tout en prenant conscience, dans la sensation, de votre corps de la tête jusqu'aux pieds. Rendez conscient ce mécanisme automatique de votre respiration quelques secondes par jours. Plus ces mécanismes inconscients deviendront conscients, plus nous construirons un moi corporel harmonieux, organisé, coordonné.

Prenons un peu de temps chaque jour pour voir consciemment (en accueillant les couleurs et les formes), entendre consciemment les sons divers, moteurs de voitures, chants d'oiseaux..., goûter consciemment un liquide ou une nourriture solide, toucher une étoffe..., respirer consciemment une odeur de café...

Avec les actes les plus simples, ouvrir et fermer une porte, se servir du thé, se laver, conduire sa voiture, nous avons de multiples occasions d'effectuer des actes conscients qui nourriront et élargiront le champ de notre conscience, ainsi que notre maîtrise.

Vivre au présent dans la sensation et dans l'acte senti.

Allongé ou assis confortablement, essayez de prendre un bain de sensation pour développer la conscience de votre corps. Vous pouvez commencer par accueillir consciemment les couleurs et les formes que vous voyez, puis fermez les yeux, accueillez les sons, accueillez l'air qui entre et qui sort par votre nez, goûter un peu de votre salive, avalez-la et suivez son trajet. Accueillez l'effet de la pesanteur sur votre corps et laissez-vous aller à cette pesanteur comme à une relation de votre corps avec la terre.

Accueillez une par une les sensations des points de contact de votre corps avec le sol, le matelas ou le fauteuil, c'est-à-dire la sensation du sol sous vos pieds, du contact sous les talons, les chevilles, les fesses, le dos, les épaules, les bras, les mains, la sensation du contact de votre nuque avec le dossier. Ne nommez pas la sensation, accueillez-la au niveau de votre senti.

Laissez-vous aller le cas échéant aux bâillements, et manifestations diverses de votre corps qui traduisent son relâchement.

Une autre variante qui peut être indépendante ou associée aux précédentes, consiste à laisser venir spontanément toute sensation du corps et à l'accueillir consciemment. Ce peut être un picotement à l'oreille, une démangeaison au pied, une sensation de chaleur, etc... prenez consciemment ce bain de sensations qui vous restructure, vous réunifie et vous recentre.

Accueillez, laissez venir, les sensations périphériques et internes de votre corps.

Apprenez à sentir votre corps.

Terminez ces exercices avec le sentiment de votre unité, de votre globalité, « dans ce corps, je suis un ». Prenez conscience, les yeux fermés, de la longueur de votre corps, de sa largeur, de son épaisseur, de son volume, de sa place dans l'espace, prenez conscience de la peau comme d'une enveloppe frontière qui sépare notre monde intérieur de l'extérieur et qui délimite notre corps. Prenez alors conscience de : « dans ce corps et avec ce corps, je suis », ayez le sentiment de votre existence, de votre unité. Ce type d'exercice pourra être agréablement pratiqué en baignoire, dans un bain tiède et parfumé.

Accueillez un fruit : c'est l'une des expériences les plus complètes en matière de réceptivité sensorielle. Nous nous souvenons avec quel étonnement il avait été, pour nous-même, le révélateur de toute une culpabilité ressentie pendant cet exercice. Choisissez un fruit que vous poserez devant vous sur une table. Accueillez-le visuellement, consciemment, sans efforts, globalement, sans porter d'adjectifs à sa forme, sa couleur. Puis prenez-le dans une main, puis l'autre, accueillez la sensation du toucher, sans nommer, simplement en sensations de froid, chaud, lisse, rugueux, de préférence les yeux fermés, puis approchez le fruit de vos narines et accueillez son odeur, puis enlevez sa peau ou décortiquez-le, en écoutant les bruits causés, sentez à nouveau son odeur, puis en prenant votre temps, mangez, dégustez, un morceau de ce fruit, consciemment, et avalez la bouchée en essayant de sentir son trajet jusqu'à l'estomac.

Cet exercice simple en apparence à exécuter, met en jeu nos cinq sens et nous permettra d'apprécier la qualité de notre réceptivité sensorielle, ainsi que le degré de conscience avec lequel nous l'exécutons. Nous vous recommandons de vous initier à la réceptivité sensorielle consciente par ce genre d'expérience. Au risque de nous répéter nous vous encourageons à essayer chaque jour de vous entraîner à voir, entendre, goûter, sentir, toucher, consciemment.

S'identifier à un arbre : Debout, les pieds et les jambes écartés pour se sentir bien planté au sol. Les bras le long du corps. Dans un premier temps, de façon à être présent et à augmenter l'efficacité de l'exercice, accueillez consciemment, visuellement, les couleurs une par une. Puis fermez les yeux et accueillez les sons. Accueillez la sensation du contact des pieds avec le sol. Recevez l'air qui entre et qui sort par les narines. Le début de cet exercice prend deux minutes environs. Puis choisissez mentalement d'être un arbre (chêne, hêtre, bouleau…). Toujours les yeux fermés, visualisez, représentez-vous la base du tronc, large et bien enfoncée en terre, imaginez vos grosses et nombreuses racines qui s'enfoncent dans le sol et qui se ramifient en d'innombrables petites racines plus petites qui vont chercher dans la terre la nourriture et l'énergie dont vous avez besoin. Puis toujours par ce regard intérieur remontez le grand et fort tronc de l'arbre que vous êtes jusqu'aux branches maîtresses. A ce moment placez vos bras et vos mains dans la position que vous voulez, figurant les grosses et les petites branches fièrement pointées vers le ciel. Visualisez à nouveau vos racines et la sève qu'elles transportent et qui monte dans votre tronc et se répand dans toutes les branches, apportant nourriture, force et vigueur. Imaginez les pointes des branches comme autant d'antennes pointées vers le ciel, le cosmos, et captant une énergie dont vous vous nourrissez et vous fortifiez. Ainsi vous vous représentez, bien enraciné, la tête fièrement dressée vers le ciel, captant de la force et de l'énergie dont vous vous nourrissez à la fois par le haut et par le bas. Vous êtes Un, vous êtes cet arbre plein de vigueur. A votre base, sur le sol, représentez-vous un panneau portant votre nom, et tout autour, de la pelouse. Et puis des gens qui viennent vous voir, vous admirer, vous honorer, vous, cet arbre, qui participe à l'équilibre de la nature en absorbant le gaz carbonique et en rejetant de l'oxygène. Quand vous le souhaitez, vous accueillez à nouveau les sons que vous entendez, puis les couleurs, la pièce où vous vous trouvez, avec le sentiment d'être Un et de vous être rechargé en énergie. Pour ceux qui en ont l'occasion nous vous conseillons de faire cette expérience, adossé à un arbre, les mains en contact avec son tronc ; cet exercice est unifiant et vitalisant.

La houle : Partir comme précédemment, debout, le corps en équilibre, accueillir les couleurs, fermer les yeux, puis accueillez les sons, votre respiration, le contact de vos pieds avec le sol, puis prenez conscience de votre verticalité, de la hauteur de votre corps, de sa largeur, de son volume, et dites-vous intérieurement : « ici et maintenant, dans cet espace, dans ce corps, je suis ». Puis prenez conscience des tensions contenues dans le haut de votre corps, particulièrement au niveau des épaules et de la nuque. A chaque expiration, pensez « lâchez prise » à ces tensions qui descendent le long du corps et vont s'éliminer dans le sol. Laissez tomber vos épaules tout en conservant le buste droit. Puis placez votre conscience dans votre main gauche et détendez consciemment vos doigts un par un, de même avec la main droite, puis revenez à la main gauche. Laissez tomber vos épaules. Puis consciemment, en sentant vos muscles, vos articulations, le frottement des vêtements sur la peau, élevez lentement les deux bras devant vous, tendus, à la hauteur du visage, réunissez-les, main contre main, paume contre paume. Puis toujours en essayant de sentir les sensations décrites ce-dessus, écartez les bras vers l'arrière, tout en maintenant à la hauteur des épaules, en mimant lentement avec vos bras et vos mains le mouvement plus ou moins ample d'une houle. L'important étant d'être conscient et de sentir ce que l'on fait. Puis ramenez consciemment vos bras le long du corps, contre les jambes. Ramenez à nouveau les bras devant vous, comme précédemment, puis les mains jointes, les yeux toujours fermés, tracez dans l'espace avec vos deux bras réunis, le signe un, qui peut simplement se tracer comme ceci I, de haut en bas ou, de bas en haut le nombre de fois que vous voulez, l'important étant de bien sentir vos articulations, le frottement des vêtements sur la peau, que l'acte soit conscient. Cet exercice est lui aussi particulièrement unifiant.

Pour pratiquer ces exercices la première fois, nous conseillons de le faire en étant guidé par quelqu'un qui lira le texte une fois qu'il aura été compris. Si vous jouez d'un instrument, commencez d'abord par l'accueillir, en le regardant consciemment, en le touchant, en écoutant consciemment un son émis par lui, votre jeu y gagnera en présence et en maîtrise.

Pour élargir notre champ de conscience : Il est bon de s'entraîner à cet exercice pour pouvoir l'utiliser le cas échéant, quand nous nous sentons obsédés par toutes sortes de tracas intérieurs sans réussir à prendre du recul.
En position assise, fermez les yeux, accueillez consciemment, une par une les couleurs que vous voyez, fermez les yeux, accueillez un par un les sons, sentez consciemment le sol sous vos pieds, le siège sous votre bassin, derrière votre dos, votre tête, accueillez l'air qui entre et qui sort par vos narines, puis ouvrez les yeux et fixez un point précis devant vous, que vous aurez choisi préalablement et découvrez avec les yeux l'environnement proche de ce point, en élargissant votre champ visuel progressivement. A travers cet exercice nous apprenons à lâcher prise, à prendre du recul par rapport à nos fixations psychiques.

Assis dans l'herbe ou ailleurs, mais de préférence à l'extérieur, dans la nature, à la campagne. Cet exercice que nous avons établi et expérimenté lors d'un stage récent nous paraît particulièrement ressourçant.

1. Assis en tailleur vous accueillez, les yeux fermés, les sensations des points de contact de votre corps avec le sol, de vos bras sur vos jambes (s'ils sont posés dessus).

2. Avec vos mains, touchez, palpez, sentez, votre corps des pieds à la tête et inversement. Accueillez consciemment ce que vous sentez. Terminez par un accueil global de vous-même, « avec mon corps, je suis un ».

3. Les yeux fermés, goûtez et avalez en suivant son trajet, un peu de votre salive.

4. Accueillez l'air qui entre et qui sort par vos narines.

5. Ouvrez les yeux, accueillez une par une les couleurs que vous percevez.

6. Les yeux fermés, accueillez un par un les sons.

7. Accueillez, sentez, les odeurs amenées par l'air et la brise.

Ces exercices ne sont pas limitatifs et chacun pourra en découvrir d'autres, ayant toujours à l'esprit, « être présent par la sensation ou l'acte conscient », qui est une formule précieuse pour nous aider à revenir par des moyens concrets au moment présent, quand nous nous sentons débordés par le vagabondage cérébral selon l'expression chère à Vittoz. Nous pouvons ainsi apprendre à dire « non » aux phobies, à la peur, à l'anxiété, à l'angoisse, aux obsessions, par un réflexe appris sur la base de réceptivité sensorielle consciente.
Ce « non » n'est pas un refoulement, car il est un choix libre et conscient qui met momentanément de côté le problème, nous permettant de nourrir notre conscience qui est l'instrument dont nous aurons le plus besoin pour la suite de notre traitement et de notre rétablissement. Une partie de ce que nous aurons mis de côté aura néanmoins besoin d'être éliminée, ce qui est l'objet des exercices suivants.

Exercice d'élimination psychique :

A l'aide de la respiration : Dans toutes les positions, mais plus confortablement en étant assis ou allongé, après une bonne inspiration, nous expirons l'air en imaginant que l'air vicié qui est chassé de nos poumons, s'accompagne de nos problèmes et de nos soucis. Nous pouvons par exemple visualiser un torrent de boue qui sort ou bien encore mettre des mots sur notre élimination : peur, culpabilité, violence, etc… une variante est de se dire à l'inspiration les mots, accueillir l'oxygène, l'énergie qui se répand dans toutes mes cellules, puis à l'expiration se dire mentalement, éliminer, ou encore lâcher prise.

Placez devant vous une feuille blanche, accueillez-la consciemment visuellement, tactilement. Placez trois objets séparés, sur cette feuille. Accueillez l'ensemble. Puis en acte conscient, c'est-à-dire en essayant de sentir vos muscles, vos articulations, le frottement des vêtements sur la peau, enlevez un à un les trois objets que vous placerez hors de votre vue, par exemple derrière vous. Accueillez à nouveau la feuille blanche.

Installez-vous à une table. Sentez consciemment le contact de vos pieds avec le sol, de vos fesses et de votre dos avec le siège, de vos bras avec leurs soutiens. Accueillez une feuille blanche que vous aurez préalablement disposée devant vous. Sentez dans votre main le stylo ou le crayon dont vous allez vous servir.

Puis écrivez en acte conscient sous forme de mots ou de courtes phrases, ce qui vous a empoisonné la vie hier , aujourd'hui, (frustration, peurs, culpabilité etc…) en y incluant les mots ou les phrases négatives ou défaitistes qui vous conditionnent.

Puis levez-vous et en marche consciente rendez-vous aux toilettes muni d'un briquet ou d'allumettes. Au-dessus de la cuvette, lisez consciemment ce que vous avez inscrit puis enflammez la feuille et regardez-la brûler bien consciemment. Lâchez le tout avant de vous brûler les doigts. Puis en acte conscient tirez la chasse d'eau en regardant disparaître les cendres et en écoutant le bruit de l'eau.

Dans la deuxième partie de cet exercice, nous revenons à l'endroit initial en nous installant devant une nouvelle feuille blanche. Nous procédons au même accueil que précédemment, puis nous fermons les yeux et nous laissons venir spontanément ; un mot ou une phrase, constructifs, positifs ; puis nous l'inscrivons en acte conscient sur la feuille blanche. Enfin nous conservons cette feuille.

Répétez cet exercice et les autres aussi souvent que vous en sentirez la nécessité.

De tout temps et dans beaucoup de traditions le feu a été et est un symbole de purification dont il ne faut pas mésestimer les effets symboliques sur notre psychisme dans le cadre de cet exercice.

De préférence en position assise ou allongé les yeux fermés, nous nous représentons debout devant un grand tableau noir ; nous prenons (mentalement) un morceau de craie de la main droite ou gauche (nous pouvons, pour nous aider, faire les gestes dans l'espace), nous palpons, nous sentons en imaginaire la craie entre nos doigts, puis nous inscrivons au tableau lentement un mot ou une courte phrase préalablement choisi et qui représente quelque chose que nous voulons éliminer. Une fois inscrit nous essayons de visualiser intérieurement le mot ou la phrase sur le tableau. Puis nous l'effaçons en commençant par la dernière lettre, puis l'avant-dernière, ainsi de suite jusqu'à la première, avec une éponge qui trempait dans un seau d'eau, près de nous, sur l'estrade. Si c'est nécessaire nous redonnons plusieurs coups d'éponge au tableau pour bien effacer l'inscription.
Ne vous laissez pas décourager par les difficultés rencontrées lors de cet exercice, difficulté à voir la couleur de la craie, ou les lettres inscrites, difficulté à effacer. Tout cela s'améliorera avec la faculté progressivement retrouvée de se concentrer et d'éliminer psychiquement. Il est particulièrement recommandé de prendre l'habitude d'utiliser ce procédé le soir avant de s'endormir, à propos, par exemple, d'une difficulté rencontrée dans la journée, ou d'un problème plus ancien qui nous revient à la mémoire.

Pleurer est un des moyens les plus naturels que nous ayons d'éliminer à la fois psychiquement et physiologiquement (des études récentes en laboratoire ont démontré que les larmes contiennent des substances toxiques). Aussi ne refoulez pas vos larmes et essayez d'accepter ces tensions, cette souffrance, qui cherchent une porte de sortie. Accepter ne voulant pas dire se résigner, mais ouvrir la porte à ce qui est, cesser de refouler, de retenir ce qui nous fait mal. Retrouver le chemin des larmes, c'est aussi retrouver le chemin de son cœur. Ce n'est pas être lâche, c'est reconnaître ses faiblesses pour pouvoir les transformer en connaissance de soi, en compassion.

Appuyez modérément le bout d'un doigt sur une joue jusqu'à ressentir une sensation douloureuse. Puis relâchez la tension et écartez le doigt progressivement, complètement. Pendant cet exercice nous enregistrons consciemment la douleur due à la pression, puis son atténuation progressive jusqu'à sa disparition complète. C'est un des entraînements pour inciter le corps et l'esprit, à éliminer, à lâcher prise à la souffrance.
Pour nous inciter à éliminer psychiquement nous pouvons encore nous amuser à faire tinter un verre et à suivre consciemment le son décroissant.

A chaque fois que vous urinez ou que vous déféquez vous pouvez accompagner cette élimination organique d'une élimination psychique, en pensant par exemple à ce moment-là à des mots ou à une phrase qui représentent ce que vous voulez éliminer. Tirez la chasse d'eau bien consciemment en imaginant l'évacuation de vos problèmes entraînés par l'eau vers la terre.

Nous décrivons maintenant un exercice qui conjugue la réceptivité sensorielle et le réamorçage de l'élimination psychique.
Debout devant un lavabo, vous accueillez la sensation du contact de vos pieds avec le sol, vous accueillez visuellement un morceau de savon, vous le prenez en main et vous accueillez la sensation du toucher, puis vous le humez consciemment quelques secondes, vous ouvrez le robinet d'eau en acte conscient, vous écoutez le bruit de l'eau, vous passez vos mains sous l'eau et vous les savonnez en accueillant consciemment les diverses sensations. Au moment où vous choisissez de vous rincer, en même temps que l'eau entraîne le savon et la crasse, imaginez que vos difficultés (avec les mots que vous voulez) partent elles aussi dans les conduits

jusqu'à la terre.

Sur le même principe, quand vous faites votre toilette, que vous prenez un bain, une douche, essayez de le faire consciemment et de penser au moment où vous vous rincez, à éliminer aussi les « saletés » de l'esprit.

Crier consciemment peut être un excellent exutoire à ses tensions, sa colère, sa violence, sa souffrance… toutefois nous déconseillons de crier sa peur, seul, en dehors de la sécurité représentée par la présence d'un thérapeute. Il ne s'agit en aucun cas de se risquer à faire seul une thérapie par le cri.

Fouetter consciemment un arbre mort tout en criant quand nous en sentons le moment venu et l'envie, peut permettre au trop plein de violence, de colère, d'agressivité, de trouver une porte de sortie, sans blesser autrui et sans se blesser soi. Cela peut aider à l'élimination de l'agressivité refoulée, au désenfouissement de la pulsion concernée, ainsi qu'à son apprivoisement progressif et à l'entraînement nécessaire à sa mise en place. Pour qu'il soit efficace cet exercice doit être fait en acte conscient, c'est-à-dire senti. Nous n'avons pas toujours un arbre à notre disposition, et un moyen simple de parvenir à un résultat similaire, consiste à serrer fortement les deux poings ainsi que les muscles des bras et des mâchoires, puis de lâcher prise à ces contractions ainsi qu'aux tensions en imaginant qu'elles s'éliminent par le bout des doigts. Quand nous faisons cet effort prolongé, quelques secondes, de tendres nos muscles et nos nerfs, nous brûlons l'énergie afférente aux tensions, à la violence que nous souhaitons éliminer. Si vous avez à votre disposition un polochon ou un vieux et épais matelas, mettez-le debout contre un mur, et bien consciemment, boxez-le et donnez-lui des coups de pieds, cela dans le même but que précédemment.Un punching ball fera encore mieux l'affaire.

Tous ces exercices peuvent être pratiqués seuls avec des effets salutaires, il est néanmoins recommandé de ne pas forcer, de procéder progressivement, en se rappelant que tout apprentissage demande du temps. Ils sont complémentaires d'un traitement psychologique des profondeurs mais ne peuvent en aucun cas s'y substituer.

Exercices de concentration

Les exercices de concentration facilitent le retour au contrôle, à la maîtrise, à l'unité. Ils facilitent également l'élimination des phobies, idées fixes, angoisses. L'effet le plus appréciable et le plus immédiat pour le patient, est de pouvoir vérifier qu'il peut ainsi progressivement se maîtriser, écarter l'idée obsessionnelle, l'angoisse. La concentration mobilise nos facultés d'émissivité, les rassemblent, les canalisent, les unifient dans un but précis. Prenez l'habitude, les yeux fermés, de vous concentrer quelques secondes sur le chiffre 1, que vous aurez tracé mentalement, en vous aidant ou non du geste. Répétez-vous en même temps, « un » ou « je suis un ». Toujours les yeux fermés, entraînez-vous quelques secondes à vous concentrer sur les différentes parties de votre corps, le pied, la main, le nez, l'oreille, etc… avec l'habitude vous recevrez, vous sentirez en retour, un picotement, un petit choc électrique ou autre sensation. Pour vous y aider, visualisez que vous envoyez de l'énergie, un influx nerveux, vers la partie sur laquelle vous vous concentrez, sans crispation, sans tension, en souplesse. Il faut bien distinguer ces exercices de concentration mentale, qui mettent en jeu nos facultés d'émission d'énergie et d'influx nerveux, des exercices de réceptivité, d'accueil de la sensation corporelle que l'on laisse venir, sans effort. Ne confondons pas réceptivité et émissivité. Développons la réceptivité à notre corps, la réceptivité par les cinq sens, qui nous rendront plus conscients, plus présents à nous-même. Entraînons notre concentration pour apprendre à maîtriser notre «vagabondage cérébral ».

Assis ou debout, les yeux fermés, tracez mentalement, avec l'aide du bras et d'un doigt, une spirale qui part d'un point central et qui se développe vers l'extérieur…

par le biais de cet exercice vous vous ouvrez, vous vous détendez.
Puis après quelques instants de pose, tracez une spirale en partant de l'extérieur jusqu'à parvenir à un point central. Ce deuxième exercice vous rassemble, vous calme, vous recentre. Nous utilisons le pouvoir des images, des symboles, pour rétablir notre équilibre.

Autre exercice de concentration, particulièrement équilibrant : les yeux fermés, concentrez-vous quelques secondes sur le signe de l'infini, un huit horizontal,que vous tracerez lentement dans l'espace, plusieurs fois avec votre doigt.

Exercices de relaxation

Je voudrais dire quelques mots de la relaxation à travers mon vécu, le sujet étant amplement développé dans de nombreux ouvrages de spécialistes. Les moments que je consacre à me relaxer me permettent d'observer les phénomènes suivants : senti et prise de conscience de mes tensions corporelles, prise de conscience de la forme, du volume de mon corps, relativisation de mes problèmes et de mes soucis habituels, une distance s'installe, me calme. Une heure de relaxation peut me remplir la vessie, ce qui montre à quel point les fonctions d'élimination sont facilitées et stimulées dans cet état de détente. Après la séance je me sens plus vivant, plus réel, plus incarné. Mes gestes, ma marche, mon langage prennent un rythme plus lent. Je me sens plus unifié, plus en harmonie, réconcilié.
Je ne saurais trop recommander de pratiquer une méthode de relaxation ou une autre, qui favorise la détente du corps, l'élimination de la fatigue et des toxines, un recentrage et une réunification des « moi(s) corporels et psychiques ». Après un temps d'apprentissage, pouvoir se relaxer soi-même présente l'avantage de prendre de l'assurance, de l'autonomie, de se prendre en charge. Plus calmes, plus détendus, nous appréhendons la vie et ses situations avec plus de recul, de distance.
Nous sommes tous à la recherche d'une unité, soit en voulant nous approprier

l'autre soit en le rejetant ; la relaxation peut nous aider à trouver cette unité en nous-même. Que dire de plus si ce n'est « faites-en l'expérience vous-mêmes » : c'est le seul enseignement qui vous sera profitable et probant. Bon voyage à la découverte de ce corps si souvent mal aimé, merveilleuse mécanique de précision si mal entretenue, si maltraitée.

Encore un mot sur une fonction naturelle bien négligée, le bâillement. Retrouver la liberté de bâiller au-delà de tous les tabous sociaux. C'est un des moyens les plus naturels de nous libérer de nos tensions et de nous relaxer.
Bâillez à vous en faire pleurer, provoquez, amorcez s'il le faut ces bâillements par des mouvements de mâchoires jusqu'à ce que vous retrouviez le naturel et les avantages de cette fonction. « Si je bâille c'est pour me détendre, ce n'est pas par impolitesse, ou parce que j'ai sommeil, ou parce que je m'ennuie avec toi ». Combien de fois je crois devoir me justifier devant mon interlocuteur gêné !

Autorelaxation :

Vous pouvez essayer la méthode de relaxation suivante. Ne vous découragez pas si dans les premiers temps vous avez du mal à vous concentrer, si vos pensées s'égarent, c'est normal. De préférence allonges-vous confortablement au chaud dans une pièce sombre et à l'abri du bruit, sinon utilisez des boules quies. Fermez les yeux. Accueillez quelques secondes la sensation des points de contact de votre corps avec le sol ou le matelas (sous la nuque, le dos, le bras, la jambe, le talon). Prenez conscience, toujours quelques secondes, de l'air qui entre et qui sort de vos narines. Puis placez votre conscience, ou portez votre attention sur votre pied droit, lâchez prise consciemment aux tensions des muscles, des nerfs, de votre pied, remuez-le légèrement si cela vous aide, puis répétez-vous intérieurement « lâchez prise ». Procédez de la même façon pour le mollet droit, le genou, la cuisse, puis pour l'ensemble de la jambe droite, « lâchez prise complètement ». Puis passez à l'autre jambe. Continuez par le bassin, le ventre, la poitrine, les reins, le dos. Puis l'épaule droite, le bras droit, le coude, l'avant-bras, les doits un par un, puis tout le bras droit. Continuez par le bras gauche. Répétez-vous « lâchez prise complètement ». Puis le cou, la nuque, le cuir chevelu que vous visualisez comme les mailles d'un filet qui s'écartent, qui s'écartent… le front bien lisse, le nez, la bouche, le menton, les oreilles. «Lâchez prise à toute la tête». Puis dites-vous intérieurement « lâchez prise à mes pensées, à mes émotions, à mes tensions corporelles ». Reportez votre attention sur votre respiration. Puis prenez conscience qu'à chaque fois que vous allez expirer, votre corps, vos muscles, vos nerfs, vont se détendre de plus en plus, complètement.

A chaque expiration approfondissez votre relâchement, votre détente, votre relaxation. Restez ainsi, le temps dont vous disposez, d'une demi-heure à une heure ou plus. Si vous sentez venir le sommeil endormez-vous. Vous pouvez tout particulièrement vous exercer le soir avant de vous endormir.

Do Inn des mains et des oreilles :

Pour vous détendre dans la journée, tout en aidant à la régularisation de vos fonctions corporelles, je vous conseille l'exercice suivant qui vous prendra de 15 à 20 minutes selon le temps dont vous disposez. Pincez trois secondes, légèrement de chaque côté de l'ongle, votre pouce gauche, entre le pouce et l'index de la main droite. Puis avec cette même pince, poussez deux secondes le pouce vers l'intérieur, vers la main. Avec tous les doigts de la main droite, massez maintenant le pouce gauche depuis la racine qui l'attache à la main, jusqu'à son extrémité. Pour finir, tirez vers l'extérieur, doucement le bout du pouce gauche. Puis prenez le pouce gauche à pleine main (droite) et pliez-le vers la paume, puis vers le dessus de la main. Procédez ainsi pour chaque doigt de chacune des mains. Pincez, massez également la peau entre chaque doigt. Pendant toute cette opération laissez venir les bâillements, c'est le signe de votre action sur votre organisme. Puis pour finir, avec le pouce d'une main, massez la partie de chair située entre le pouce et la base de l'index (sur le dessus de la main), ainsi que tout l'intérieur de la paume de l'autre main.

Les mains, les oreilles, les pieds sont bien connus des acupuncteurs comme des zones réflexes de tout notre organisme, à partir desquelles nous pouvons agir efficacement.

Vous pouvez enchaîner par un Do Inn des oreilles pendant quelques minutes. Pincez entre le pouce et l'index de chaque main le lobe des oreilles, tirez-le vers le bas. Faites de même avec la pointe supérieure des oreilles, puis tirez les oreilles vers l'arrière, de la même façon, par le milieu et le bord du pavillon. Enfin massez toute l'oreille avec l'ensemble des doigts. Puis enfoncez avec une légère pression, un doigt, quatre secondes, dans le trou de chaque oreille. Terminez par une friction de l'ensemble de l'oreille avec toute la main.

Volonté et énergie

La volonté telle que l'entend Vittoz ne correspond pas en général à celle de notre éducation. Il est fréquent de dire à un enfant ou à un adulte, « tu manques de volonté ». Ce qui est une erreur, nous ne manquons pas de volonté, nous manquons d'accès à notre volonté, conséquence de nos différentes névroses. Nous manquons d'accès à cette énergie libre, puissante, que Vittoz appelle la volonté. Quand nous sommes en contact avec cette énergie nous pouvons vouloir nos pensées, nos émotions, nos sensations, nos actes en toute liberté de choix. Nous sommes maîtres de notre corps et de notre vie.

Voici un exercice simple qui peut vous aider à vous exercer à sentir cette énergie. Debout, les yeux fermés, les bras le long du corps, sentez quelques secondes le sol sous vos pieds. Accueillez la pesanteur qui agit sur votre corps. Puis prenez une profonde inspiration par le ventre, serrez les poings et les mâchoires, sans excès, sans crispation, bloquez votre inspiration, et répétez-vous intérieurement, trois fois, « je veux »… Puis expirez, relâchez les contractions de vos mains et de vos mâchoires. Toujours les yeux fermés, en respirant à votre rythme, répétez-vous au plus profond de vous-mêmes, lentement, calmement, « je veux », quatre ou cinq fois. Gardez quelques instants encore cette position et sentez l'énergie que vous avez ainsi mobilisée.

Quand vous aurez fait l'expérience de sentir cette énergie vous pourrez l'utiliser dans votre vie sans l'impression de vous contraindre. En toute liberté, c'est vous qui ferez le choix de dire « je veux être calme » ou « je veux être bien dans ma peau », ou encore « je veux me contrôler », etc…

Votre cerveau enregistrera votre « ordre » et agira en conséquence. Donnez-lui des informations claires, visez toujours le but plutôt que les moyens. Ainsi si vous voulez perdre du poids, dites « je veux être mince », plutôt que « je veux maigrir », l'alchimie de votre corps-énergie se mobilisera en fonction du but assigné par votre volonté.

Bien sûr l'accès à notre volonté et son efficacité dépendent aussi des progrès que nous aurons fait dans les domaines de la réceptivité et de la concentration.

Un esprit sain dans un corps sain :

Cela n'exclut pas de se faire plaisir. Prendre de l'exercice, pratiquer un sport, manger sainement, dormir à sa mesure, tout cela participe à notre équilibre. Il n'est qu'à négliger un de ces aspects dans notre vie pour en ressentir les effets. Sans faire de sectarisme je recommande un régime où les produits et sous-produits animaux ne doivent pas prendre trop de place au détriment des végétaux dont notre organisme a tout autant besoin. Evitez le pain blanc, le sucre blanc, le riz blanc, la farine blanche, les produits raffinés. Donnez la préférence au pain complet, au riz complet, aux produits garantis sans traitement chimique. Mangez de préférence vos légumes crus et si vous les faites cuire, que ce soit à la vapeur mais sans utiliser la pression des cocottes qui détruit pratiquement toutes les vitamines et les oligo-éléments.

Pour le reste votre bon sens vous guidera mieux que des conseils ressentis comme contraignants ou moralisants. Cherchez votre mesure plutôt que de vous astreindre à des régimes compliqués abandonnés au bout de quelques jours.

Si votre corps est encrassé, outre le fait de prendre de l'exercice progressivement, vous pouvez vous initier au sauna pour faciliter l'élimination des déchets et des toxines, prendre des draineurs conseillés par un homéopathe. Une méthode simple, peu coûteuse, pour se désintoxiquer et retrouver de l'énergie: les bains de siège à l'eau froide pratiqués avec discernement, c'est-à-dire essentiellement en respectant les temps et les fréquences indiquées en fonction de votre état. Vous les prendrez espacés (tous les trois ou quatre jours) et de courte durée (30 secondes à 1 minute) si vous êtes en état de faiblesse. Vous pourrez les pratiquer tous les deux ou trois jours, le matin en vous levant ou le soir avant de vous coucher et de 30 secondes à 2 minutes maximum si vous vous sentez plus résistant.

Ces bains consistent à immerger complètement votre bassin, du nombril à mi-cuisse environ, dans une bassine ou une baignoire remplie d'eau froide. Ces bains auront les plus heureux effets sur les nerfs, pour les insomniaques (qui peuvent les pratiquer la nuit, ou avant de se coucher).

Tant que la loi le permet encore, utilisez les services des herboristes et leurs connaissances des plantes qui agissent souvent plus efficacement à l'état naturel plutôt qu'à l'état d'extraits et de comprimés séparés des autres éléments de la plante. Pour ceux d'entre vous qui s'intéressent de plus près à la santé de leur corps, je leur recommande l'ouvrage de l'abbé Kneipp « Ma cure d'eau » et ses mille recettes pour rétablir et maintenir sa santé (Librairie P. Tequi, 82 rue Bonaparte, Paris).

Contre l'isolement :

Quand on est enfermé dans ses problèmes, c'est dur d'aller vers les autres, qui plus est dans une société où beaucoup vivent enfermés, repliés dans leurs appartements, devant leurs téléviseurs. Néanmoins je vous encourage à essayer de rompre cet isolement en vous renseignant sur les activités offertes par les associations, les M.J.C. de votre quartier ou de votre village. Essayez de rétablir un contact, une relation avec les autres, avec la vie.

La joie, le plaisir que vous en retirerez vous récompenseront largement des efforts de votre démarche. L'être humain est un être de relations et de communications, nous avons besoin de l'autre. Osons reconnaître et accepter nos besoins. Osons être. Cheminez de votre peur de vivre vers votre envie de vivre.

TROISIEME PARTIE

La Parole aux patients

Ces écrits sont les fruits de participants à nos séances de Lyon et de Paris. Je remercie ceux
qui me les ont confiés, transmettant ainsi à travers la poésie leur propre message et sa source vive.

Recherche

Je ne sais pas qui je suis
Suis-je peur et cris ?
Suis-je honte et repli ?
Suis-je besoins et envies ?
Qui peut me dire où et comment conduire ma vie ?
Et d'abord, qui peut me dire qu'est-ce que la vie ?
Moi, je ne sais pas, je cherche, j'ai besoin d'aide et j'ai besoin d'amis.
Un ami, qu'est-ce qu'un ami ? Comment devient-on amis ?
Je ne sais pas non plus très bien, mais je vais vous dire,
Je vais vous dire ce qui m'est venu à l'esprit.
Si un arbre devient mon ami, je voudrais
qu'il me donne de l'ombre parfois quand j'en ai envie
Et qu'il soit beau, toujours, quand je suis devant lui.
Si le vent devient mon ami, je voudrais que dans mon ciel
Il apporte le bleu et chasse le gris.
Si une rivière devient mon amie, je voudrais qu'elle
M'enseigne la beauté et me dise…qu'elle est jolie.
Si la douceur devient mon amie, je voudrais qu'elle m'accompagne
De jour et de nuit et qu'elle m'apprenne à construire un nid.
Et si un rêve devient mon ami, je voudrais qu'il me le dise
Et qu'il soit pour moi magie et alchimie.
Enfin, je vais vous dire, je vais vous dire aussi
J'en appelle à Lui, j'en appelle à vous
Que l'on nomme Dieu, Providence ou Infini
Vous m'avez donné la vie
Je ne sais pas qu'en faire, alors, je vous la… confie.

Thierry

C'est le temps que
tu as perdu pour ta rose
qui est important

Amanda

Orange

Tu pètes de couleur,
et tu es ronde à croquer,
pleine et attirante comme un sein
Une fissure provocante
me rappelle une paire de fesses.
Tiens, j'avais pas remarqué
d'un côté tu es plus pâle.
J'ai envie de jouer avec toi
et en même temps
Envie de me remplir de ton jus
Mais je vais attendre
attendre le plus possible pour te savourer.
Tu es rugueuse, et ton parfum
délicat m'invite à t'ouvrir
J'aime le léger cri que tu émets
quand je daigne t'ouvrir
Comme tu es pulpeuse
J'aime faire gicler le jus
de ton écorce et m'en frotter les mains.
Tiens bonjour! Je te déshabille
très doucement.
Je te trouve précieuse

Mais soudain, je suis pressée
J'arrache d'un seul coup le reste de ta peau,
et j'écoute le crépitement
quand je te sépare en quartiers.
Tu sens de plus en plus bon
Je te frotte sur mon visage
Sous mes lèvres, ton quartier
est doux et frais.
Hop ! tu es dans ma bouche
Je te promène délicatement sans
te comprimer, seulement pour sortir
un peu de jus, et m'en emplir la bouche.
Ça y est je t'écrase d'un seul coup
Comme tu es délicieuse
Je recommence doucement avec
chacun de tes quartiers.
Je te mange goulûment, en prenant
Cependant le temps de te porter à mon nez
Pour ne pas négliger ton parfum
J'aime te déchirer un quartier
Pour en admirer la texture
On dirait que tu vis encore
Mais il ne reste plus que ton écorce vide.
Que je reconstitue.
Mais je n'y arrive pas.
J'essaierai plus tard.
Pour l'instant, je te remercie
Pour tout ce que tu m'as apporté.

Christian

Dis-moi

De quoi as-tu peur ?
J'ai peur du fantôme
caché sous mon lit
J'ai peur du loup
dans la forêt la nuit
J'ai peur des grands
qui battent les plus petits
J'ai peur que tu ne viennes pas
me border dans mon lit.
De quoi es-tu fier ?
Je suis fier de courir
plus vite que Sébastien
Je suis fier d'être le chef
quand on joue aux Indiens
Je suis fier quand je fais
quelque chose de difficile
et que tu me dis que c'est bien.
De quoi rêves-tu ?
Je rêve qu'on fait la fête
toute la nuit
avec de la musique
et des masques
et que je m'endors dans tes bras
après un gros câlin
et qu'après tu me couches
et me bordes dans mon lit.

Renée

La maison d'amour

Elle est tendre et douillette
Comme le lit d'un oiseau
Elle se cache au cœur de la forêt
Sous les vertes frondaisons
Qui bruissent et qui murmurent
Dans le vent.
Si discrète, qu'on peut l'oublier…
Ou passer à côté, sans la voir.
Mais présente
Accueillante
Elle t'attend, elle est la patience même !
Tu la reconnaîtras sans l'avoir jamais vue
Fragile et inébranlable
Elle est faite de l'air du temps
Du bruit de l'eau courante sur les galets
De la couleur du coquelicot dans le champ
Et d'éternité.
Entre. Tu es chez toi. Ne trouves-tu pas familier ce visage
Sur le tableau accroché près de la cheminée ?
Ouvre toutes grandes les fenêtres et goûte enfin la paix du soir.

Renée

Du naufrage
Je choisis d'accepter
La solitude
Et de m'éloigner
Du rivage

Car je sais que perdue sur l'immensité noire
Il y aura toujours un fanal au loin,
Pour me guider.
Car je sais que perdue au fond du désespoir
Il y aura toujours une main amie pour me réconforter

Renée

Je choisis

Je choisis de naître et de vivre à tes côtés
Je choisis la paix et d'entrer pour cela
Dans la mêlée
D'affronter ma peur, de sentir ma souffrance
De montrer ma violence
D'être une plutôt qu'éparse
Et de faire le voyage
Je choisis d'accepter
La houle et les embruns
Sur mon visage
Je choisis d'accepter
Le risque et le danger

Histoire d'amour

Trente-cinq ans plus tard, Eliane se souvient, et ce souvenir, qui était enfoui sous des couches de souffrance, revient à sa mémoire, un soir de février 1984 pendant une séance de thérapie.

Eliane, la petite fille de onze ans, allait à l'école dans le 15° arrondissement de Paris. Dans sa famille, il y avait depuis un an, un quatrième enfant. La belle petite sœur promise était en fait une mongolienne et la maman ne pouvait donner de l'amour qu'à elle et elle seule. Eliane qui était l'aînée devenait bizarre et renfermée. Elle devait s'occuper de ses deux petits frères. Dans sa classe, elle était toujours la dernière. Madame X … était sa maîtresse d'école, mais surtout une femme avec beaucoup de cœur. Un jour, la Directrice de l'école demande que chaque maîtresse choisisse la première de sa classe, en vue d'une récompense qui se traduirait par une sortie au Châtelet pour assister à un spectacle grandiose. Or, Madame X … un soir après la classe, au moment où ses élèves quittaient les bancs de l'école, appela Eliane et lui expliqua qu'il fallait qu'elle garde le secret car à l'insu de ses collègues et de Madame la Directrice, elle fait part à la petite de sa décision : « Tu ne dois pas avoir souvent de joie, aussi je te choisis pour aller au spectacle et tu diras bien que tu es la première de la classe. » Eliane se souvient de ce jour inoubliable et de la beauté du spectacle du Châtelet. Le lendemain, la classe reprit son cours. Eliane sans rien dire à personne, ressentait tellement de joie dans son cœur que le mois suivant, le jour où la Directrice donna les classements, toute la classe fut étonnée car Eliane était devenue la première de sa classe. Personne ne savait pourquoi Madame X … et la petite Eliane pleuraient de joie ce jour là.

Eliane

A Eric

Par un filet de lune où dissonent mes pleurs,
l'angoisse se démembre au grenier de mes rêves, usés d'imaginaires.
Dans l'ombre qui s'étire,
L'hémorragie des larmes comme un doux pèlerinage vers tes lagons lunaires.
Mes bribes d'existence en lambeaux de gerçure qui colorient ton ciel et nacrent tes rivages.
Dans un sursaut d'étoile,
Ton sourire camélia glissé sur ma peau en flocon de silence
Algue-sanguine de la pupille éteinte !
L'urgence de ton geste a composé l'oubli en cueillant son refuge aux flots des invisibles.
Je bois à ton effluve les reflets désunis de la nudité.
Ta mort… comme une éclaboussure.

Pascale

Ecrire maintenant

Récemment,
J'écrivis à une adolescente pour ses dix-huit ans
(la balle est dans ton camp)
Elle a fiché le camp !
Qu'en est-il pour mes quarante ans ?
Il n'en est pas autrement !
Peut-il y avoir encore un changement ?
Sans souvenir d'avoir été bébé, bercée doucement
Ecoutée silencieusement
Embrassée, câlinée, caressée respectueusement
Aimée tendrement

Maman
On court après éperdument
Pourtant on ne peut aller que de l'avant
(prends quand même le temps d'être une enfant
On ne peut devenir adulte autrement)
Ou sinon, on risque de mettre bien plus longtemps
Grandir! Grandir! Aimer, s'épanouir, rire, pleurer assurément
Mais croquer la vie à pleine dents
Il est temps
Avant de laisser mon vieux vêtement
De changer mon enveloppe dès à présent
Laissant un peu de mes tourments
De tout ce qui est souffrant
En acceptant

Josiane

J'ai une plaie béante, qui ne veut pas cicatriser, et j'ai mal à en crever. Pourtant, je réunis
toutes mes forces pour écouter cette petite voix étouffée
au fond de moi qui me dit : « Accepte cette souffrance, ne t'y résigne pas,
mais dépasse cette épreuve, et surtout, quoiqu'il arrive, garde confiance. »

Je me sens attirée par la mort, comme seule issue.
Alors, de toutes mes forces, je repousse ces images de délivrance,
La mort réussit cependant à s'immiscer sous forme d'autodestruction,
Nombreuses crises de boulimie ou encore je me bouffe les ongles jusqu'à la dernière
limite, et puis je me sens affreusement mal et coupable. Cercle vicieux !
J'ai mal, vraiment mal. J'ai besoin d'aide. J'ai tellement besoin qu'on

s'occupe de moi, besoin d'être aimée. Je n'en peux plus.
Au secours ! Je me sens bouffée de l'intérieur par un monstre.
Complètement impuissante devant cette destruction.
Pourtant, je prends des médicaments pour m'aider à traverser cette étape douloureuse.
Hélas ! La blessure demeure tout aussi cuisante.
J'aurais aimé écrire plus optimiste, mais en ce moment ce ne sont que des mots de douleur
qui jaillissent sous mon stylo.
Pourtant, bien envie de dire merci à toi Michel, ainsi qu'à chacun des autres participants
pour votre aide chaleureuse et précieuse.
Dans l'attente de moments meilleurs.

Christiane

Présage

Engendrer des misères inconnues
Sourire aux sentiers escarpés
Pour escalader le bonheur
Se plonger dans un amour relief
Savourer les amertumes
Et surtout, avouer les douleurs
Raccourcir les chemins de l'absolu
Sans avoir peur des mots
Boire le silence oublié
Dans cette course éperdue
C'est moi que je veux atteindre

Marithé

Acrostiche

Grand, nous deviendrons quelques soient les
Elans qui nous traversent et nous propulsent
Retenus comme nous étions dans nos illusions
A regarder jouer ces pantins de notre éducation.
Sans regret, laissons-les choir pour une vie plus vraie
Dommage que ce soit sur des chemins différents.

D.G.

Sois

Si le vent souffle
C'est aussi pour jouer dans tes cheveux
Offre-toi à sa caresse
Si le soleil brille
C'est aussi pour réchauffer ton corps
Abandonne-toi à sa chaleur
Si les herbes et les fleurs poussent
C'est aussi pour t'accueillir
Roule-toi, mêle-toi à elle
Si les oiseaux sifflent
C'est aussi pour réjouir ton cœur
Ecoute, écoute leurs chants
Si le piano pianote et la flûte flutine
C'est aussi pour accompagner ta voix

Chante, chante de tout ton cœur
Si la musique jaillit, explose
C'est aussi pour vibrer en ton corps
Danse, danse jusqu'à l'ivresse
Si la joie, la paix, l'amour existent
C'est aussi parce qu'ils emplissent ton cœur
Cherche-les en toi, ressens-les
Ris, chante, danse
Fais plus qu'entendre, écoute
Fais plus que voir, regarde
Sens, goûte, perçois
Vis, existe, sois
Devant toi
Toi, cette unique conscience d'être
Toi, cette joie sauvage qui éclate en toi et éclabousse l'autre
Toi, l'homme qui te sent si petit et perdu
Triste et seul
Qui tremble de peur ou de colère
Qui crie et pleure, juge et se trompe
Toi, être sublime et merveilleux derrière ton masque
Toi l'homme et toi la vie
Je vous aime.

Muriel

Espérance

En ce matin de fin d'hiver
Je sens une vibration planétaire
Mon corps se dilue dans une vapeur
D'eau «tristesse» manque de tendresse
J'aime ce lieu où tout se réunit
Mes ancêtres me manquent
Dans ce mal qui me torture
Je vois bien ta face pleine de crevasses
Du fond du trou le vide qui me regarde
Mais je t'aime
Que faire?
Mon démon se retient
Pour ne pas te faire partir
Je reviens
Je suis triste mais ça me regarde
Pourtant je la connais cette lumière
Magique
L'astre, atome, éclairci
Qui vibre dans les airs
Qui me chuchote
Qui te caresse
Celui que l'on appelle Aura
Je te sens autour de moi
Je brûlerai l'enfer jusqu'à sa mort finale
Et toi tu resteras là, fier, épanoui,
Espérance merci

Maguy

Je t'aime

Je t'aime quand les ronces du chemin
Me déchirent et s'accrochent à ma chair
Je t'aime quand mon pas trébuche sur une pierre
Et ne repart qu'en tenant ta main
Je t'aime quand tu ris de bonheur
Quand tes mains pour me l'offrir cueillent une fleur
Je t'aime lorsque tu chantes dans le vent
La ballade d'un amour présent
Je t'aime quand je joue sur ma guitare
Cette rengaine prière de tous les soirs
Je t'aime quand ma plume fleure des mots d'amour
Quand elle crisse de colère face aux soleils noirs
Je t'aime quand tu es près de moi
Quand tu pars et reviens plus tout à fait la même
Je t'aime sans savoir pourquoi
Je t'aime parce que, parce que, parce que je t'aime.

Alain

Poèmes de l'auteur

Ce que je n'ai peut-être pas su vous dire ou partager, ou vous transmettre, j'aimerais le confier à quelques poèmes. Des mots pour communiquer, entrer en relation, avec chacun de vous.

Dans nos moments de détresse, appelons à la rescousse, un chant d'oiseau, la présence d'un arbre, le charme d'une fleur, une musique classique, notre corps en mouvement dans la danse, la poésie qui touche à nos racines, à notre source créative.

T'aimer

T'aimer à donner, à me donner, à mourir
T'aimer à me fondre en toi dans un moment d'éternité
T'aimer à m'abandonner, à accepter cette fusion
T'aimer à vivre, moi en toi, l'unité.
Puis renaître de cette mort à nous-même
Chacun, différent, mais ensemble
Tu garderas et tu cultiveras ton jardin secret
Parfois, quand tu le désireras
J'en sentirai le parfum secret

Essai

où va ma vie mon âme sur ce chemin de l'inconnu où tant d'embûches peuvent m'attendre
quel ciel quelle étoile de vie d'amour de compassion pourrait alléger mon fardeau
oh père mère pourquoi m'avez vous abandonné maltraité moi qui ne demandait qu'à vous aimer
je chemine seul dans la jungle de mes ignorances de mes peurs de ma peine
Energie du Soi si tu es là entends moi daigne m'éclairer un peu rendre mon chemin plus doux
petit papa noël je désirerais une vie plus douce plus calme plus sereine pour tous mes noëls à venir
de tous les jouets je te demande la joie le rire le sourire l'humour et une paix profonde comme la mer
que ce désert que je traverse me rende plus doux l'oasis où je pourrai me reposer la tête vide mais le coeur plein
prière à la vie de m'aimer un peu de me faire signe quand je m'égare vers des marais douloureux
prière au soleil à la pluie au vent aux éléments de me relier aux étoiles pour me ressourcer
prière à la femme que j'aime de m'aimer que je l'aime sur cette planète nouvelle où le passé n'a pas de pouvoir
prière au présent de m'accueillir dans son unité d' amour et de douceur sans peur du lendemain
prière à mon passé de m'oublier je peux lui offrir une place d'ami si il fait la paix avec mon présent et mon avenir
prière aux oiseaux aux fleurs aux arbres au printemps de faire couler une sève nouvelle dans mes artères

prière à la terre aux étoiles à l'univers de m'entendre un peu moi petit prince
qui suit relié à eux qui suit leur enfant

Reviens

Chante la mer de mes souvenirs
Sur chaque vague ma mélancolie
J'avais dix ans toute espérance
Mon amie était l'insouciance
Chante la bleue où j'étais poisson
Passant des heures à me faire bercer
Sous l'œil de Neptune, des cocotiers
J'étais fils de Sirène des grands fonds,
Reviens mon enfance brûler mon cœur
Qui s'est blindé de tant de rancoeurs
Le sable blanc, le merle moqueur
Peter Pan et Clochette ma sœur
Reviens petit garçon m'enseigner
A retrouver le fil de ma vie
Reviens petit garçon dans un cri
Dissiper les misères du passé

Liberté

Elle a des chemins escarpés
Combien de ronces m'ont blessé
Combien de fois m'ont accroché
Les chimères des nuits d'été
Elle a du sang rouge plein les mains

Combien de jours sans lendemain
Combien de femmes, d'hommes, de bambins
Sont morts pour elle sur un refrain
Elle a des poètes et des saints
Combien de nuits ont-ils prié
Combien de vers ont composé
Sans jamais lui lâcher la main
Elle a des parfums célestes
Combien de cœurs ont résisté
Et combien d'amants ont pleuré
Leur liberté mise en laisse

Poésie

Chante encore que je me sente en vie
Prends-moi par la main jusqu'à ma source
Baigne-moi tout entier, purifie-moi
Rends-moi au monde, calme et serein.

Liberté

Rendez-moi ma liberté
Vous qui me l'avez volée
Voleurs volés, dois-je comme vous
Moi aussi voler les autres
Ne leur donnerai-je rien

Pour qu'ils ne puissent rien donner
Pour l'illusion de me les approprier
Pour me venger
Les enfermerai-je dans mon désir ambigu
Qui tantôt se montre, tantôt se cache
Ignorant leur vrai besoin
En ferai-je à tout jamais
Des prisonniers de l'inceste
Trop démunis pour casser la coquille
De ces familles nommées enfer

Amie

Autour de ce pot au feu
Et du corps de ce vin de Cahors
Ton appétit pour la vie
Et le pot au feu,
Et le vin habitent mon corps
Je sens la vie, là au fond de ma blessure
Qui digère un peu de cet élixir
Merci pour ta présence,
Pour ta voix amie
Merci pour ton appétit
Merci pour ton amitié

Besoin

Un regard transpercé
Une poignée de mains traversée
Quelques propos acides échangés
Dans la douleur de nos besoins,
Enfin reconnus
J'ai besoin de l'autre et il a besoin de moi
Que de montagne de pouvoir, d'argent, de faire, de savoir
J'érige pour cacher mon besoin d'enfant
Les marchands de cadeaux de fin d'année
Connaissent bien les adultes,
Prématurés.
Oh le joli petit stylo en or à ressort pour Monsieur le P.D.-G.
Oh le mignon taille-crayon en forme de chocolat pour Monsieur le chef comptable
Oh la belle Rolls-Royce, miniature, pour Monsieur le directeur des ventes
Oh la belle lampe de bureau pour les heures supplémentaires de la dévouée secrétaire
Quand ce beau monde est rentré chez soi, isolés, alors:
Le stylo en or à ressort, le taille-crayon imitation chocolat, la Rolls-Royce carotte,
La lampe de bureau pour secrétaire méprisée se sont mis à chanter:
« Nous avons besoin d'amour»
Un regard chaleureux, une poignée de main sincère
Quelques propos affables
Dans la douceur de mes besoins satisfaits
Je goûte le plaisir et la joie de l'échange
Je me sens enfin reconnu et aimé
Je peux lâcher mes titres et mes décorations
Devenus inutiles

Perdu comme la mesure
Je suis sans mesure
D'un corps, de mon corps que je difforme,
au rythme de mes errances
Jusqu'où vont me pousser ces cornes de démon
Jusqu'à quelles extrémités vais-je encore me livrer ?
Assurément je souffre
Oui, j'ai mal,
Mais pour quelles causes, quelles ambitions
Ou quelles utopies ?
Puis-je vraiment changer
Et simplement devenir un grain de sable
Qui est, sans attirance et sans répulsion
Encore de l'argent, encore du sexe, encore de la nourriture,
Comment arrêter ce lent suicide ?
Ah mes frustrations chéries
Comme je vous dorlote
J'accours au moindre de vos appels
Ah ingrates qui me laissez encore plus frustré
Ce n'est qu'en cessant de lui donner du bois
Que le feu s'éteint
Prendrai-je le risque de cette mort
Pour une naissance hypothétique ?

As-tu

As-tu jamais vu, bien vu
La vie qui s'offre à tes yeux
Le rouge, le vert et le bleu
La danse des formes nues

As-tu jamais entendu
La voix de celle qui t'aime
Les sons, les chants et les cris
Dans le vibrant de la vie

Et as-tu jamais goûté
Les lèvres de ton aimée
Ce vin, ce met raffiné
L'as-tu vraiment apprécié

Et as-tu jamais senti
D'une fleur son parfum
La terre après la pluie
Le café du matin

Et as-tu jamais touché
La peau d'un autre corps
Et as-tu jamais reçu
Un frisson de tout ton cœur.

Sentir

Me faire confiance
Retrouver la foi en moi
Sentir les couleurs, les odeurs, les sons
Sentir mon corps, sentir la vie
Je n'ai rien compris que je n'ai senti
La connaissance c'est ce que j'ai goûté
Le vivant c'est ce qui m'a touché
Lorsque je cesse d'analyser
Je peux enfin aimer
La merde ça se sent
La foi aussi
La haine ça se sent
L'amour aussi
Un seul mot, un seul maître, un seul guide
Sentir…

Qui suis-je ?

Essayer de me poser honnêtement les questions, qu'est-ce que je veux ? qui suis-je ? je veux le bonheur, sans trop savoir comment, ni ce que c'est. J'imagine que ce doit être un état de satisfaction dans lequel nos frustrations sont comblées, à moins qu'elles n'aient disparu. Un état d'être où je ne souffre plus, où je n'ai plus peur, plus peur de la mort. Peut-être une certitude d'exister qui ne laisse plus de place à l'angoisse, au vide affectif. Je vis entre deux événements importants, ma naissance et ma mort. Récemment j'accompagnais une patiente lors de son accouchement. J'étais assis à côté d'elle, un bras derrière sa nuque, ma main posée sur son épaule.

Quand elle souffrait dans les contractions précédant l'expulsion, je souffrais avec elle, révolté à la fois de ne pouvoir la soulager et que personne ne la soulage. Je l'encourageais à pousser, « vas-y J., je vois sa tête, vas-y, il vient, il arrive ». La tête de l'enfant apparaît suivie de tout son corps déposé délicatement sur la poitrine de la mère, un petit cri de bienvenue, il a l'air tranquille, ce petit d'homme qui arrive à l'air libre.

Décidément c'était bien de l'idée que je me faisais de l'accouchement dont j'avais peur, et non pas de l'accouchement lui-même que j'ignorais. Faute d'être en contact avec des réalités aussi simples, aussi proches de la vie, nous avons peur de ce que nous en imaginons, de ce qui nous est caché.

En quittant la clinique j'avais le sentiment d'avoir rencontré ma propre naissance et à cet instant il me venait l'envie de rencontrer aussi la mort d'un être humain, ma mort. Non, décidément je refuse de vivre enfermé dans mes peurs. Rencontrons aussi la mort pour pouvoir vivre les pieds sur terre (avant de les avoir dessous !). Je me refuse à vivre cette vie comme un automate, sans lui donner un sens qui tel un bâton de pèlerin, m'aidera à m'appuyer, à me guider.

Qui sui-je ? Est-ce que je peux répondre à cette question, autrement qu'intellectuellement, sans m'inscrire dans un dogme, une religion, une croyance que l'on m'offre tout cuits ? ce qui m'est le plus proche, c'est mon corps, ses émotions, ses sensations, mes pensées. Je ne suis pas une des parties de cet amalgame, mais vraisemblablement l'ensemble. Un tout, un corps avec toutes ces composantes. Mais voilà j'accepte de voir que mon corps est périssable, sujet à la maladie psychique ou physique.

Est-ce que je n'existe que par ce corps ? Peut-être, du moins est-ce une de mes peurs. Si mon corps meurt, en tant qu'entité je meurs aussi. Alors il y a de quoi avoir peur de la mort. Mais s'il n'y a rien d'autre après cette mort physique par quel phénomène suis-je venu à la vie ? Quelle force, quelle énergie, quel déterminisme ont été responsables de ma création ? Le hasard ? Admettons.

Mais qu'est-ce qui est à l'origine des milliers de hasards nécessaires à la création d'une cellule ? J'ai l'intuition que la réponse à mes questions ne se trouve pas dans l'étude de «produits finis et transitoires» qu'il s'agisse de pierres, de plantes, d'animaux, ou d'êtres humains ; mais plutôt à la recherche de leur source. A ce point de ma réflexion je sens qu'il n'y a plus que le silence qui peut me répondre. Un lâcher prise à mes demandes, mes attentes, mes désirs, mes pensées ; mon seul effort tendant à faire le silence en moi-même et à faire confiance à ce qui peut naître de ce silence, de cette solitude.

BIBLIOGRAPHIE

Dr Pierre Bour, *Les racines de l'homme*, Ed. Robert Laffont
Le psychodrame et la vie, Ed. Desclée et Brouwer

Arnaud Desjardins, *Un grain de sagesse*, Ed. La table ronde
La voie du coeur, Ed. La table ronde

Abbé Kneipp, *Ma cure d'eau*, société Ed. de la Basse Alsace, Strasbourg

Dr Le Boyer, *Naissance sans violence*, Ed. Du seuil

Konrad Lorentz, *L'agressivité*, Livre de poche

Dr Y. Prigent, *L'expérience dépressive*, Ed. Desclée de Brouwer

Jean Rofidal, *Do inn*, Au signal Lausanne, Chiron, Paris

Dr Vittoz, *Angoisse ou contrôle*, Ed. Baillère
Traitement des psychonévroses par la rééducation du contrôle cérébral, Ed. Baillère

Elisabeth de St Basile et Michel Carayon, *Psychothérapie émotionnelle, pour qui, pourquoi, comment ?*

Pour en savoir plus sur nos écrits et notre travail : www.memotherapie.net

TABLE DES MATIERES

FSC
www.fsc.org
MIX
Papier aus verantwortungsvollen Quellen
Paper from responsible sources
FSC® C105338

Printed by Books on Demand GmbH, Norderstedt / Germany